RECHT und MEDIZIN

Randomisation und Aufklärung bei klinischen Studien in der Onkologie

Herausgegeben von
K. zum Winkel, W. Doerr, R. Herrmann,
B.-R. Kern und A. Laufs

Unter Mitarbeit von
E. Deutsch, P. Drings, D. von Fournier,
C. Herfarth, C. Krüger, P. Schlag,
H. Schmid, N. Victor und E. Weber

Mit 4 Abbildungen und 9 Tabellen

Springer-Verlag
Berlin Heidelberg New York Tokyo 1984

Prof. Dr. med. Karl zum Winkel
Direktor der Universitäts-Strahlenklinik, Abteilung Allgemeine Radiologie mit Poliklinik, Voßstr. 3, 6900 Heidelberg

Prof. Dr. med., Dr. h.c. mult. Wilhelm Doerr
Ludolf-Krehl-Str. 46, 6900 Heidelberg

Dr. med. Richard Herrmann
Internist, Medizinische Universitäts-Klinik,
Bergheimer Str. 58, 6900 Heidelberg

Dr. iur., Hochschulassistent Bernd-Rüdiger Kern
Institut für Geschichtliche Rechtswissenschaft
der Universität Heidelberg, Friedrich-Ebert-Platz 2,
6900 Heidelberg

Prof. Dr. iur., Dr. h.c. Adolf Laufs
Direktor, Institut für Geschichtliche Rechtswissenschaft
der Universität Heidelberg, Friedrich-Ebert-Platz 2,
6900 Heidelberg

ISBN-13:978-3-540-13658-3 e-ISBN-13:978-3-642-82335-0
DOI: 10.1007/978-3-642-82335-0

CIP-Kurztitelaufnahme der Deutschen Bibliothek
Randomisation und Aufklärung bei klinischen Studien in der Onkologie /
hrsg. von K. zum Winkel ... Unter Mitarb. von E. Deutsch ...
– Berlin; Heidelberg; New York; Tokyo: Springer, 1984
(Recht und Medizin)
ISBN-13:978-3-540-13658-3

NE: zum Winkel, Karl [Hrsg.];
Deutsch, Erwin [Mitverf.]

2119/3140-543210

Vorwort

In den vergangenen Jahren führten die zufällige Zuordnung von Patienten in alternative Behandlungsverfahren (Randomisation) und die Frage der Aufklärung zu Meinungsverschiedenheiten zwischen Juristen und onkologisch tätigen Medizinern. Um diese Kontroversen ausführlich zu erörtern und nach Möglichkeit einen Konsens zu erreichen, führte der Ausschuß Onkologie des Klinikumsvorstandes der Universität Heidelberg am 9. und 10. Dezember 1983 in der Akademie der Wissenschaften einen Workshop durch über die „Randomisation und Aufklärung bei klinischen Therapiestudien in der Onkologie". 6 Juristen, 27 Mediziner und 3 wissenschaftliche Mitarbeiter von pharmazeutischen Firmen aus Frankfurt, Freiburg, Göttingen, Münster, Augsburg, Kaiserlautern und Heidelberg waren Teilnehmer. Nach einleitenden Referaten wurden die medizinischen und juristischen Gesichtspunkte diskutiert. Die mit onkologischen Fragestellungen befaßten Mediziner begrüßten die Auseinandersetzung mit den Juristen, um über die Darlegung eigener Standpunkte hinaus zu einer Annäherung zu kommen. Diese fand ihren Ausdruck in „Empfehlungen zur Randomisation und Aufklärung bei Therapiestudien in der Onkologie", die übereinstimmend gebilligt wurden. In monographischer Form werden die Referate und die Empfehlungen einem größeren Kreis von interessierten Juristen und Medizinern vorgestellt.

Heidelberg, im Juni 1984 Die Herausgeber

Inhaltsverzeichnis

Mitarbeiterverzeichnis

Prof. Dr. iur. E. Deutsch, Iuristisches Seminar, Universität Göttingen, Nikolausberger Weg 9 a, 3400 Göttingen

Prof. Dr. med. P. Drings, Thorax-Krankenhaus Rohrbach, Innere Medizin, Amalienstraße 5, 6900 Heidelberg

Prof. Dr. med. D. von Fournier, Direktor der Abteilung gynäkologische Radiologie, Universitäts-Frauenklinik, Voßstraße 9, 6900 Heidelberg

Prof. Dr. med. C. Herfarth, Direktor der Allgemeinchirurgischen Abteilung, Chirurgische Universitätsklinik, Im Neuenheimer Feld 110, 6900 Heidelberg

Dr. med. C. Krüger, Universitäts-Strahlenklinik, Voßstraße 3, 6900 Heidelberg

Prof. Dr. med. P. Schlag, Chirurgische-Universitäts-Klinik, Im Neuenheimer Feld 110, 6900 Heidelberg

Dr. med. H. Schmid, Universitäts-Frauenklinik, Voßstraße 9, 6900 Heidelberg

Prof. Dr. rer. nat. N. Victor, Direktor des Instituts für medizinische Dokumentation, Statistik und Datenverarbeitung der Universität, Im Neuenheimer Feld 280, 6900 Heidelberg

Prof. Dr. med. E. Weber, Leiterin der Abteilung für klinische Pharmakologie der Medizinischen Universitäts-Klinik, Bergheimer Straße 58, 6900 Heidelberg

Von der Schwierigkeit des Gegenstandes

W. Doerr

Die Idee, ein *rechter* Arzt zu sein, rührt aus der Humanität (Schweninger 1906). Sie ruht aber auch auf Sachverstand *und* Erfahrung. Nur der ist ein wirklicher Arzt, der das Bedürfnis hat, einerseits dem anvertrauten Patienten nach Kräften zu helfen, andererseits das eigene Wissen zu vermehren. Insofern wir Heidelberger Mediziner Berührung mit Rechtsfragen „suchen" oder „erleiden", sind wir Schüler von Karl Engisch (Engisch u. Hallermann 1970) und Adolf Laufs (Kern u. Laufs 1983). Das heute anstehende Thema ist besonders differenziert. Wir müssen einige Prämissen klarstellen, bevor wir in die eigentliche Debatte eintreten:

1. Medizin als Wissenschaft war und ist methodisch nicht eigenständig; sie macht Anleihen bei Natur- *und* Geisteswissenschaften. Medizin ist ganz wesentlich Erfahrungswissenschaft.
2. Um Fragen der ärztlichen Aufklärung wird seit 2 Generationen gerungen. Die „Selbstbestimmungsaufklärung" gilt als ärztliche Pflicht. Danach hat der Kranke, und zwar nach angemessener Aufklärung, das Recht, einer bestimmten Behandlung zuzustimmen oder diese abzulehnen.
3. Wer aufklärt, übernimmt also Verantwortung.
4. Ärztliche Aufklärung kann sich erstrecken auf die Diagnose, den mutmaßlichen Krankheitsverlauf, die grundsätzlichen Möglichkeiten der Therapie und insbesondere auf die „Pathologie der Therapie".

Sie wissen vielleicht, daß ich Pathologe bin. Meine Fachgesellschaft hat sich 2mal mit der Bedeutung der Therapie für die „Krankheitsgestalt", aber natürlich auch für den Patienten beschäftigt (Doerr 1955/56, 1972). Als Ergebnisse unserer Bemühungen, insoweit diese für das heutige Gespräch eine Bedeutung haben können, präsentiere ich 2 Zusammenstellungen. Tabelle 1 zeigt das Grundsätzliche, nämlich den Versuch der begrifflichen Abgrenzung therapeutisch erzwungener Veränderungen eines Krankheitsbildes von dem, was man Therapieschaden („iatrogene Pathologie") nennen kann. Die Abgrenzung der „künstlich hervorgerufenen" Änderung eines Krankheitsbildes („Pathomorphose") von einem spontan entstandenen Panoramawandel ist nicht immer leicht. Sie verlangt eine reiche ärztliche Erfahrung und ein hohes Maß an kritischem Mißtrauen. Der Pathologe ist der „Mann mit den schlechten Erfahrungen"; er kann zuverlässiger als seine klinischen Kollegen über Häufigkeit und Bedeutung therapeutischer „Nebenwirkungen" berichten (Tabelle 2). Gott sei Dank sind deletäre Therapieschäden – alles in allem – selten. Man braucht als Arzt nicht übertrieben ängstlich, aber man sollte sorgfältig orientiert sein. Selbstverständlich wird in praxi der Umfang einer Aufklärung in dem Maße kleiner, in dem die Dringlichkeit der Hilfeleistung größer wird, also zunimmt.

Tabelle 1. Standortbestimmung „Therapieschaden", sog. Nebenwirkungen

1. Echte Veränderungen des nosologischen Profils

- Spontan entstanden
- Künstlich hervorgerufen
  Pathologie der Therapie
  iatrogene Pathologie
  therapeutisch erzwungene Pathomorphose

2. Falsche Veränderungen des nosologischen Profils

Vortäuschung einer Pathomorphose
- durch diagnostische Neufassung
- durch Demaskierung überlagernder Prozesse

Tabelle 2. Nebenwirkungen der modernen stark wirkenden Therapie

In 10% des Leichenöffnungsgutes großer Kliniken sind Nebenwirkungen pathologisch-anatomisch nachweisbar.

Von diesem Kollektiv zeigen
- 33% der Fälle, daß die Therapieschäden für den tödlichen Ausgang der Krankheit entscheidend waren
- 40% der Fälle, daß die Therapieschäden belanglose Nebenwirkungen gewesen sind
- in 27% der Fälle aber hatten die Therapieschäden eine richtunggebende Bedeutung für den deletären Verlauf der Krankheit

Was uns heute zusammenführt, ist die Tatsache, daß bei Erkrankungen durch maligne Neoplasien immer wieder einmal therapeutische Maßnahmen gewagt werden müssen, obwohl definitive Behandlungsergebnisse nicht – noch nicht – bekannt sind. Aus diesem Grunde, und eben weil wissenschaftliche Medizin eine empirisch fundierte Handlungswissenschaft ist (!), ist die Anwendung der Biostatistik unverzichtbar. Diese verlangt natürlich, jedenfalls so und so oft immer wieder, Nutzanwendung dessen, was man Stratifikation und Randomisation nennt.

Hierin liegt eine Schwierigkeit begründet. Denn wenn es richtig ist, daß dem Persönlichkeitsschutz des Kranken der Vorrang gebührt, wird die Frage nach dem Einverständnis dessen, der einer Therapie dringend bedarf, gerade hinsichtlich der wissenschaftlich unverzichtbaren Randomisation zu einer moralischen Belastung. Hier liegt ein Konflikt. Er resultiert aus dem methodischen Indeterminismus, der immer dann in Erscheinung tritt, wenn Recht und Ethik in Konkurrenz geraten. Um hier eine Lösung zu finden, deshalb haben wir uns getroffen.

Literatur

Bauer KH (1979) Aufklärung und Sterbehilfe bei Krebs in medizinischer Sicht. In: Kaufmann A, Bemmann G, Krauss D, Volk K (Hrsg) Festschrift f. P. Bockelmann (redigiert durch K. Engisch). Beck, München, S 497–517

Doerr W (1955/56) Pathomorphose durch chemische Therapie. Verh Dtsch Ges Pathol 39: 17

Doerr W (1972) Therapieschäden. Verh Dtsch Ges Pathol 56: 1

Doerr W, Jacob W, Laufs A (Hrsg) (1982) Recht und Ethik in der Medizin. Springer, Berlin Heidelberg New York

Engisch K, Hallermann W (1970) Die ärztliche Aufklärungspflicht aus rechtlicher und ärztlicher Sicht. Heymann, Köln Berlin Bonn München

Kern BR, Laufs A (1983) Die ärztliche Aufklärungspflicht. Springer, Berlin Heidelberg New York

Schweninger E (1906) Der Arzt. In: Buber M (Hrsg) Die Gesellschaft, Bd 7. Rütten & Loening, Frankfurt/M

Die Aufklärung des onkologischen Patienten

A. Laufs

Jedermann hat die Befugnis, ärztliche Dienste in Anspruch zu nehmen oder einer Krankheit ihren schicksalhaften Lauf zu lassen. Von dieser Wahlfreiheit kann sinnvollen Gebrauch nur machen, wer die Tragweite seines Entschlusses erkennt. Das Selbstbestimmungsrecht des Patienten bildet zugleich den Rechtsgrund wie den Maßstab der ärztlichen Aufklärungspflicht. Die ärztliche Aufklärungspflicht begleitet als juristische Konsequenz die moderne Medizin mit ihren invasiven und aggressiven Verfahren. So sehr die gerichtliche Spruchpraxis dem Patienten den Gebrauch seiner grundgesetzlich gewährleisteten persönlichen Autonomie sichern soll, so wenig darf sie die Informationspflicht des Arztes überspannen und seinen Beurteilungsspielraum und sein Ermessen über Gebühr einengen: Salus ex voluntate, voluntas pro salute, salus et voluntas.

Die Möglichkeit, durch eine Aufklärung dem Patienten zu schaden, seinen Gesundungswillen zu schwächen, Angst und Sorge hervorzurufen, ja unter Umständen ihn zur Verzweiflung zu bringen, läßt den behutsamen Arzt mit Informationen vorsichtig umgehen und Widersprüche zwischen Fürsorge- und Aufklärungspflichten geduldig und schrittweise überwinden. Für den Onkologen wiegt diese Aufgabe besonders schwer, weil er es mit bedrohlichen Krankheiten und stark belastenden Heilmethoden zu tun hat. Er hat schwierige Abwägungen zwischen den Vorteilen und Risiken der in Betracht kommenden Verfahren zu treffen und an seinem ärztlichen Entschluß einen Patienten zu beteiligen, der vor einem oft leidvollen Schicksal steht und psychisch bereits stark belastet ist. Dennoch hat der Arzt stets die Autonomie des Patienten zu achten und seiner Pflicht zur Instruktion des Kranken zu genügen.

Nur in begrenztem Umfang anerkennen die Gerichte Kontraindikationen. Anders als die meisten Vorschläge in der Literatur lassen sie eine Einschränkung der Aufklärungspflicht nur da zu, wo besondere, in der Persönlichkeit des einzelnen Kranken liegende, forensisch greifbare Umstände eine ernste Gefahr für seine Gesundheit oder sein Leben erwarten lassen.

Um so wichtiger erscheint das Verfahren, mittels dessen der Arzt den Willen des Kranken am Geschehen beteiligt. Der onkologische Patient braucht regelmäßig in besonderem Maße Zeit, um Einsichten zu gewinnen und sich mit dem Notwendigen und Unvermeidlichen abzufinden. Der Arzt soll seinen Kranken darum schonend und schrittweise informieren.

Es gehört zu den Berufspflichten des Arztes, den Genesungswillen des Kranken nicht zu lähmen, sondern zu stärken und den Patienten nicht in schwächende Ängste zu versetzen. Je bedrohlicher das Krankheitsbild und je komplexer, auch gefährlicher die vorgeschlagene Therapie ist, desto mehr ist der Patient – wenn er nicht dem Gleichgewicht der Schrecken vor der Prognose seines Leidens und den Gefahren der medizinischen Mittel überlassen bleiben soll – darauf angewiesen, daß der dem Wohl des Kranken verpflichtete Arzt ihn intellektuell und psychologisch zu dem aus der Sicht des Helfers richtigen Entschluß führt.

Der Patient muß erfahren, daß er krank ist und welche Krankheit ihn betroffen hat. Bei schwerer Krankheit und infauster Prognose darf der Arzt sich mit diagnostischen Aufschlüssen zurückhalten und den kritischen Befund behutsam umschreiben. Das Wort Krebs braucht nicht zu fallen.

Der Arzt hat den Patienten über die Gefahren des Eingriffs ins Bild zu setzen. Das Maß der Risikoaufklärung hängt von der Dringlichkeit des Eingriffs ab. Je dringender und unabweisbarer der Eingriff ist, desto geringer bleibt der Umfang der Aufklärung. Besteht Lebensgefahr, so braucht der Arzt auf solche Gefahren nicht hinzuweisen, die fern liegen, selten auftreten oder sich zwar verwirklichen werden, deren Folgen jedoch vom Kranken gegenüber dem Tod aller Voraussicht nach als geringfügig empfunden werden. Ist der Eingriff umgekehrt nicht vital notwendig, sondern nur vertretbar und soll er keine akute Gefahr abwenden, sondern den Zustand lediglich bessern, hat der Arzt einer entsprechend strengen, tiefergehenden Informationspflicht zu genügen, die bei kosmetischen Operationen am weitesten reicht. Bei durchschnittlicher sachlicher wie zeitlicher Dringlichkeit genügt eine Aufklärung über die Risiken im großen und ganzen. Der diagnostische Eingriff erfordert grundsätzlich eine umfassendere Aufklärung als der therapeutische.

Je fragwürdiger die Indikation erscheint, weil eine sinnvolle Alternative in Betracht kommt, desto strengeren Maßstäben soll die Instruktion des Patienten im Dienste des „informed consent" genügen. Das hohe Wagnis einer Operation ohne vorherige ausführliche Diskussion aller für den gemeinsamen Entschluß von Arzt und Patient erheblichen Fakten kann einem Behandlungsfehler nahekommen: Fragen ärztlicher Kunst und Anforderungen an die Aufklärung des Patienten berühren sich hier.

Beim Neulandschritt im Heilversuch bedarf der Arzt darum prinzipiell in stärkerem Maß als beim schulmedizinischen Standardeingriff zu seiner Legitimation des Einverständnisses des Patienten.

Stets gilt: Je gefährlicher der geplante Eingriff, je gravierender das ihn begleitende Risiko, desto gewichtiger und umfangreicher ist die ärztliche Aufklärungspflicht.

Auf einschneidende mögliche Folgen des Eingriffs, etwa die Gefahr des Todes, des Erblindens oder einer Lähmung, hat der Arzt selbst bei geringer Komplikationsdichte, aufmerksam zu machen, auch wenn solche Konsequenzen nur sehr selten auftreten. Dabei soll der Arzt auf die konkrete psychische Situation seines Patienten durchaus Rücksicht nehmen.

Die Aufklärung soll dem Einzelfall genügen und dessen Umstände berücksichtigen: sowohl die Bewandtnisse des Patienten wie die des Arztes und seiner Klinik.

Die Aufklärungspflicht kann den Arzt stark belasten und ihn vor schwierige Aufgaben stellen. Er erleichtert sich seine Aufgabe, wenn er bei seinen Entschlüssen im Einzelfall stets Sinn und Zweck der Aufklärung vor Augen hat: Wo ärztliche Entscheidungen nicht oder nicht mehr zu treffen sind, braucht der Arzt auch den Willen des Patienten nicht zu gewinnen oder gar den Ausschlag geben zu lassen und also auch nicht aufzuklären. Wenn sich kein chirurgischer, strahlenmedizinischer oder medikamentöser Eingriff anbietet und wenn für den Patienten keine Alternativen bestehen, erhebt sich die Frage nach seinem Willen und seiner Aufklärung nicht. Die im Dienst der Selbstbestimmung des Patienten stehende Aufklärung hat zum Ziel, eine tragfähige, d. h. eine prinzipiell persönlich vollzogene Einwilligung des Patienten in eine Heilbehandlung zu erreichen. Der Umfang der Aufklärungspflicht bemißt sich nach diesem Ziel.

Außerdem kann die therapeutische Fürsorgepflicht dem Arzt die Instruktion des Patienten gebieten, soweit dessen gesundheitliche Belange Informationen erfordern. Die therapeutische Aufklärung dient dem gesundheitlichen Wohl des Patienten, nicht wie die Selbstbestimmungsaufklärung dessen Autonomie.

Literatur

Kern B-R, Laufs A (1983) Die ärztliche Aufklärungspflicht, unter besonderer Berücksichtigung der richterlichen Spruchpraxis. Springer, Berlin Heidelberg New York

Wer und wie ist aufzuklären?

E. Deutsch

Wer ist aufzuklären?

Aufklärungsadressat: Patient

Die Aufklärung dient der Vorbereitung der Einwilligung des Patienten. Deshalb ist auch die Aufklärung grundsätzlich an den Patienten zu richten. Sie wird von seinem Empfängerhorizont bestimmt. Der Arzt hat also die Aufklärung so auszugestalten und einzurichten, daß sie dieser Patient verstehen kann. Das gilt auch für medizinische Versuche am Menschen, also auch für die kontrollierte klinische Forschung.

Aufklärungsadressat: Gesetzlicher Vertreter

§ 41 AMG und I 11 der revidierten Deklaration von Helsinki sehen vor, daß bei der Prüfung von Arzneimitteln an Geschäftsunfähigen oder beschränkt Geschäftsfähigen die Zustimmung des gesetzlichen Vertreters allein oder neben der des Probanden entscheidet. Die Aufklärung hat auch in diesem Fall wenigstens mit an den gesetzlichen Vertreter gerichtet zu sein. Wie schon gesagt, die Aufklärung bereitet die Einwilligung vor. Wer einwilligungsbefugt ist, ist auch Adressat der Aufklärung.

Aufklärungsadressat: Angehörige

Es kann sein, daß bei einer Behandlung oder aber auch bei einem Heilversuch der Patient nicht informiert werden kann. Das kann im wesentlichen 2 Gründe haben: Entweder ist der Patient bewußtlos und deshalb nicht informationsaufnahmefähig, oder ihm sollte neben den Gefahren der Behandlung nicht auch noch die Diagnose mitgeteilt werden. Im letzten Fall spricht man von einem therapeutischen Privileg, wenn auch der Sprachgebrauch umstritten ist.

BGHZ 29, 182 hat davon gesprochen, daß dem Patienten die Krebsdiagnose nicht unvermittelt eröffnet zu werden brauche. Man könne sie ihm vorenthalten, wenn die Aufklärung „zu einer ernsten und nicht behebbaren Gesundheitsschädigung des Patienten führen würde". Diese recht enge Formulierung ist wohl zu erweitern. So hat das Schweizerische Bundesgericht in BGE 105 II 284 entschieden, daß auch das therapeutische Privileg in der Schweiz gilt. In dem dort entschiedenen Fall litt der Patient an Krebs. Ihm war nicht mitgeteilt worden, daß die Entfernung eines Teils des Darms notwendig war. Während der Operation war auch noch eine Änderung des Operationsplans notwendig geworden. Das Schweizerische Bundesgericht weist darauf hin, daß es nicht Aufgabe der Aufklärung sei, den Kranken zu alarmieren und dadurch seinem psychischen oder physischen Zustand zu schaden. Der Arzt sei zwar zu einer einfachen, verständlichen und loyalen Unterrichtung bezüglich der Diagnose, Prognose und Therapie verpflichtet. Wenn jedoch die Aufklärung bei dem Kranken einen gesundheitsschädlichen Zustand der Angst hervorrufen könne, dürfe ihm die Diagnose verheimlicht werden. Allerdings sei sie dann den Angehörigen mitzuteilen.

Nach dem deutschen Recht sind Angehörige grundsätzlich nicht ersatzweise zum Handeln für den Patienten berechtigt. Zwar sind Eltern gesetzliche Vertreter des minderjährigen Kindes; auch können Verwandte durch einen Akt des Vormundschaftsgerichts zum Pfleger oder Vormund auch über Erwachsene bestellt werden. Grundsätzlich haben aber die nahen Angehörigen für uns nur die Funktion einer Auskunftsperson. Gemäß § 683 BGB, der hier analog herangezogen wird, ist die Behandlung, auch die versuchsweise Therapie zulässig, wenn sie dem Interesse und dem wirklichen oder mutmaßlichen Willen des Patienten entspricht. Dabei wird das Interesse objektiv gewertet. Der Wille wird subjektiv bestimmt. Ist der Wille nicht ausdrücklich geäußert worden, so verlassen wir uns auf das Urteil der nahen Angehörigen. Von ihnen wird keine Entscheidung verlangt, sondern Auskunft über den mutmaßlichen Willen des Patienten.

Wie ist aufzuklären?

Mündliche Aufklärung

Aufklärung und Einwilligung sind nicht formbedürftig. Es gibt allerdings eine Ausnahme: Die Zustimmung zur klinischen Prüfung eines Arzneimittels, die nicht als Heilversuch anzusehen ist, bedarf der schriftlichen Zustimmung, § 40 Abs. 2 AMG. Aber auch hier ist nur die Einwilligung und nicht die Aufklärung schriftlich zu erteilen.

Die Aufklärung stellt einen Prozeß der Verständlichmachung dar, der auf den Empfängerhorizont hin auszurichten ist. Das geschieht am besten in einem Gespräch, bei dem dieser Horizont näher zu bestimmen ist. Im Arzneimittelrecht ist eine schriftliche Aufklärung durch den Beipackzettel unumgänglich. Sie auch bei der ärztlichen Behandlung einzuführen, würde ein Übermaß bedeuten. Damit soll nicht gesagt sein, daß solche schriftlichen Darreichungen nicht Unterlagen für das Gespräch sein können.

Beweis der Aufklärung

Sowohl bei der Therapie als auch bei klinischen Versuchen trägt der Arzt die Beweislast für die stattgehabte Aufklärung. Das ist eine Besonderheit des deutschen Rechts, die vom französischen und amerikanischen Recht nicht geteilt wird. Uns erscheint jedoch die Aufklärung Voraussetzung der Einwilligung und diese eine Einwendung gegenüber dem Eingriff. Einwendungen sind aber von dem zu beweisen, der sich auf sie beruft, und das ist in diesem Fall der Patient.

Es ist aber nicht notwendig, zu Beweiszwecken die Unterschrift des Patienten bei den Akten zu haben. Regelmäßig ist es angemessener, die Aufklärung und Zustimmung des Patienten mündlich vorzunehmen und durch einen Zeugen beobachten zu lassen. Wenn der Name des Zeugen dann festgehalten wird, kann man einem Prozeß in Ruhe entgegensehen. Den Patienten zur Unterschrift zu veranlassen, kann angesichts der schwerwiegenden Diagnose eine weitere Sperre errichten.

Gleichheit der Aufklärung bei multizentrischen Studien

Multizentrische Studien bedürfen bestimmter Anweisungen, damit die Aufklärung möglichst in gleicher Weise erfolgt. Hierfür gibt es gewöhnlich Laufzettel, welche die wesentlichen Punkte der Aufklärung, insbesondere die Risikoaufklärung und z. T. auch die Verlaufsaufklärung bis hin zur Versuchsaufklärung umfassen. Diese Zettel sind für gewöhnlich mit Kästchen versehen, in denen das Wesentliche anzukreuzen ist. Sie haben sich als Mittel der gleichmäßigen Aufklärung bewährt.

Zeitpunkt der Aufklärung bei randomisierten Studien

Es gibt keinen Rechtssatz, wonach der Patient schon vor Beginn der Randomisierung aufgeklärt werden muß. Regelmäßig sollte dem Patienten jedoch mitgeteilt werden, daß er sich in einer Studie befindet, bei welcher die Rücksichtnahme auf den individuellen Fall in gewisser Weise ausgeschlossen und individuelle Präferenzen des behandelnden Arztes gleichfalls zurückgedrängt sind. Bei einer Blind- oder Doppelblindstudie wird der Patient regelmäßig vor der Randomisierung aufgeklärt, da eine nachträgliche Information zu Rückfragen führen könnte, welche die Blindheit des Vorgehens beeinträchtigen würden.

Sofern es sich nicht um eine Blindstudie handelt, kann erst die Randomisierung erfolgen und dem Patienten nach erfolgter Randomisierung mitgeteilt werden, welchem Therapiearm er zugewiesen wird. Wenn dem Patienten dann die notwendige Verlaufs- und Risikoinformation gegeben wird und er zustimmt, ist alles in Ordnung. Es kommt nur darauf an, daß der Patient nach seinem Erwartungshorizont über die relevanten Probleme der klinischen Prüfung und der in ihrem Rahmen stattfindenden Behandlung aufgeklärt wird.

Soweit es sich um eine klinisch kontrollierte Studie handelt, in der eine Standardbehandlung gegen eine neue Behandlung getestet wird, ist es auch möglich, die Tatsache der Randomisierung und der Versuchssituation den Patienten vorzuenthalten, die ohnehin die Standardbehandlung erhalten. Auch ohne ihre Teilnahme am Versuch in der Kontrollgruppe würden sie gleichermaßen behandelt werden. Das würde bedeuten, daß man nur die Patienten verständigen muß, welche zur Testgruppe gehören.

Verschmelzung von Therapie und Versuch in Grenzsituationen

Wenn der Patient sich im Stadium einer Krankheit befindet, bei welcher eine Therapie nur geringe Aussicht auf Heilung bietet oder überhaupt keine Therapie vorhanden ist, verschleifen sich Versuch und Behandlung. Unter derart verzweifelten Umständen ist jede Maßnahme, welche nur einen Schatten der Besserung oder Linderung verspricht, jedenfalls eine Behandlung, mag sie auch zu gleicher Zeit ein Versuch sein. In diesem Bereich der verbundenen Behandlungs- und Versuchssituation sind die Regeln über die Aufklärung bei der Behandlung und beim Versuch nebeneinander anwendbar. Sofern dem Patienten aus Gründen des therapeutischen Privilegs die Diagnose nicht mitgeteilt wird, können ihm auch bestimmte Risiken verschwiegen werden, sofern das Verschweigen ärztlich vertretbar erscheint. Insofern wird man im Regelfall mit der vermuteten Zustimmung des Patienten rechnen können.

Individualschutz geht vor Wissenschaftsinteresse

Wenn im Vorstehenden hauptsächlich Abwägungen vorgenommen worden sind, so sollte mit der revidierten Deklaration von Helsinki der die Abwägung beherrschende Grundsatz hervorgehoben werden. Er bildet das Schlußstück dieser Deklaration und gilt in erster Linie für die nichtklinische biomedizinische Forschung, sollte aber für die Forschung generell Anwendung finden. Er lautet: „Bei Versuchen am Menschen sollten die Interessen von Wissenschaft und Gesellschaft niemals Vorrang haben vor den Erwägungen über die möglichen Risiken und den wahrscheinlichen Nutzen für die Versuchsperson." Bei reinen Heilversuchen läßt sich das Risiko mit dem möglichen Vorteil vergleichen. Stets, wenn auch ein wissenschaftliches Interesse im Spiel ist, ist die Vergleichung nur auf einer schrägen Ebene möglich. Auch hier gilt jedoch, daß Schaden nach Möglichkeit vom Patienten oder Probanden ferngehalten werden soll.

Literatur

Bar L von (1901) Medizinische Forschung und Strafrecht. Festgabe Regelsberger
Bar L von, Fischer FW (1980) Haftung bei der Planung und Förderung medizinischer Forschungsvorhaben. NJW 2734
Buchborn B (1981) Die ärztliche Aufklärung bei infauster Prognose. Internist (Berlin) 22: 162–170
Deutsch E (1980) Das therapeutische Privileg. NJW 1305
Eser A (1978) Das Humanexperiment. In: Gedächtnisschrift Schröder. S. 191
Giesen D (1976) Civil liability of physicians and new methods of treatments and experimentation. Int Comp Law Q 180
Laufs A (1978) Medizin und Recht im Zeichen des technischen Fortschritts. Heidelberg
Deutsch E (1983) Arztrecht – Arzneimittelrecht. Rdn 318–322

Zur Erforderlichkeit und Durchführung der Randomisation in Therapiestudien

N. Victor

Die folgenden Ausführungen beziehen sich nur auf Phase-III-Studien, in denen nach allem verfügbarem Vorwissen *gleichwertige* Therapien auf unterschiedliche Wirksamkeit geprüft werden; dies bedeutet: Die zu erwartenden Unterschiede sind klein. Bahnbrechende neue Therapieformen benötigen keine Phase-III-Studien, da ihre Überlegenheit sich bereits in den Vorstudien so eindeutig herausstellt, daß sich bestätigende Phase-III-Studien aus ethischen Gründen verbieten. Für diese Vorstudien – durchgeführt in Erwartung deutlicher Fortschritte – sind häufig nichtrandomisierte Studienformen geeignet; hier muß die Frage lauten: Ist eine randomisierte Studie unbedingt nötig? Im Beitrag Weber werden Vor- und Nachteile der sog. historischen Kontrollen im Vergleich zu randomisierten Studien in dieser Situation gegenübergestellt. Anders muß die Frage für Phase-III-Studien lauten, die nach dem Gesagten nur in Bereichen angebracht sind, in denen die Therapieforschung langsam vorankommt. Das Problem, Therapien mit möglicherweise stark unterschiedlicher Wirksamkeit randomisiert zuzuteilen, besteht daher nicht. Eine Prüfung gegen Placebo bzw. „Nullbehandlung" in Phase-III-Studien kommt nur in Frage, wenn eine Wirksamkeit der Therapie generell bezweifelt wird und/oder sogar negative Auswirkungen der Therapie in Betracht gezogen werden müssen.

Therapiestudien dienen dem Ziel, einen eindeutigen Schluß von den Ursachen (den verschiedenen Therapien) auf die Wirkung bzw. Wirkungsunterschiede zu ermöglichen. Ihre Ergebnisse sollten uns daher berechtigen, einen kausalen Zusammenhang („kausal" nach unserem Wissensstand und dem üblichen Sprachgebrauch) zwischen Änderungen bzw. Unterschieden in den Ausgangsbedingungen (verschiedener Therapie) und beobachteten Änderungen bzw. Unterschieden im Ergebnis (dies sind Wirkungsunterschiede) herzuleiten.

Die Studienform sollte daher, wo immer möglich, dem Plan eines naturwissenschaftlichen Experimentes entsprechen, bei dem eine oder wenige Einflußgrößen *bei Gleichschaltung aller übrigen* gezielt verändert werden. Werden diese Voraussetzungen erfüllt, spricht man von einer kontrollierten Studie: Die Therapie ist die gezielt (oder kontrolliert) zu verändernde Einflußgröße. Die Konstanthaltung der übrigen Einflußgrößen (Störgrößen) ist allerdings wesentlich schwieriger sicherzustellen als z. B. in physikalischen Experimenten, da die wesentlichste Einflußgröße der zu therapierende Patient ist. Ob und wann für eine gewisse Fragestellung 2 Patienten als „vergleichbar" angesehen werden können, bleibt stets eine Ermessensfrage.

Die Versuchsplanung bietet zwar Möglichkeiten, die es erlauben, eine gewisse Zahl bekannter Störgrößen zu eliminieren, jedoch ist es meist unmöglich, alle potentiellen Störgrößen zu berücksichtigen. Ferner muß stets von der Existenz unbekannter Einflußgrößen ausgegangen werden. Diese können sowohl nicht vorhandene Unterschiede vortäuschen als auch vorhandene Unterschiede überdecken. Die randomisierte Zuteilung der Therapien ist die einzige Möglichkeit, den Einfluß aller *bekannten und unbekannten* Einflußgrößen („confounding factors") zu eliminieren; nur so kann das Ergebnis einer Studie aussagekräftig und unangreifbar gemacht werden.

Daß dieses Prinzip nicht nur zum Schutz gegen denkbare, real jedoch selten auftretende Wechselwirkungskonstellationen gefordert wird, sondern daß verzerrte Resultate bei fehlender Randomisation häufig sind, zeigt die Erfahrung: „Wirkungsunterschiede" zahlreicher nichtrandomisierter Studien konnten bei eingehender Analyse der Daten bzw. bei Wiederholung des Experimentes als Artefakte – durch „confounding factors" hervorgerufen – entlarvt werden oder durch Aufzeigen von Inhomogenitäten der beiden Behandlungsgruppen bezüglich potentieller Störgrößen in Zweifel gezogen werden; Konsequenz ist dann die Forderung nach Folgestudien. Daher ist für Therapiestudien, für deren Fragestellungen die obengenannten Einschränkungen gelten – auch aus ethischen Gründen –, der Verzicht auf Randomisierung *ohne zwingende Gründe* abzulehnen: Informierte Patienten geben ihre Einwilligung zur Teilnahme an einer Studie auch im Vertrauen darauf, durch ihre Bereitschaft zum Erkenntnisgewinn über die Therapien beizutragen; sie gehen davon aus und haben ein Recht darauf, daß die Ergebnisse der Studie wissenschaftlichen Kriterien standhalten. Ist dies bereits durch die Planung ausgeschlossen, gibt der Patient seine Zustimmung unter falschen Voraussetzungen und wird getäuscht. Studien, deren Auswertbarkeit nicht sichergestellt ist, sind ethisch nicht vertretbar! Daher muß hier die Frage lauten: Ist eine randomisierte Studie durchführbar? Nur wenn die Antwort ein klares NEIN ist, kommen Alternativen in Frage.

Ist eine Randomisierung nicht durchführbar, muß durch besondere Sorgfalt bei der Versuchsplanung angestrebt werden, die Gefahr verzerrter Ergebnisse möglichst klein zu halten. Derartige Studien (Kohortenstudien, Fall-Kontroll-Studien, historische Kontrollen) haben ihre speziellen Nebenbedingungen, die oft schwer oder überhaupt nicht erfüllbar sind, sind sehr teuer und bringen für die Studienpatienten keinerlei Vorteile. Da sich an einer randomisierten Studie nur ein Arzt beteiligen kann, der beide Therapien als gleichwertig ansieht, der daher keine Kriterien hat, nach denen er im Einzelfall sich für die eine oder andere Therapie entscheidet, entstehen bei gleichem Grad der Aufklärung dem „randomisierten" Patienten gegenüber einem „nichtrandomisierten" Patienten keine Nachteile.

Ein wesentlicher Grund für das Scheitern randomisierter Studien ist die Forderung von juristischer Seite, im Aufklärungsgespräch auch über die Tatsache der „Randomisierung" zu unterrichten; hier muß die Frage gestellt werden, *wie weit* die Aufklärung über das Zuteilungsprinzip gehen muß. Genügt die Aufklärung über die Therapien, ihre Risiken und Erfolgsaussichten, der Hinweis, daß nach aktuellem Wissensstand keine der Therpien als überlegen angesehen werden kann, und die Information, daß bei Teilnahme an der Studie die Therapiezuweisung nach einem Versuchsplan erfolgt, oder muß der Patient über das Zufallsmoment des Zuteilungsverfahrens aufgeklärt werden? Ich bin der Meinung, daß dieser Sachverhalt nur in seltenen Ausnahmefällen von dem Patienten verstanden wird, für ihn unwesentlich ist, ihn lediglich verunsichert und daher ihm evtl. sogar schadet. Aufklärung über das Wesen der Zufallszuteilung überfordert den Patienten ebenso wie die Aufklärung über Risiken und Erfolgsaussichten der Therapien anhand von Zwischenergebnissen der gerade laufenden Studie und Zahlenmaterial aus vorangegangenen Studien sowie durch Angabe mathematischer Erwartungswerte, Überlebensraten mit Konfidenzintervallen o. ä. In der Onkologie verbieten sich derartige Zahlenangaben häufig allein aufgrund der daraus ablesbaren schlechten Prognose und der bekannten Unfähigkeit des Individuums, kleine Wahrscheinlichkeiten intuitiv richtig zu werten. Ich bin der Ansicht, daß über Risiken und Erfolgsaussichten der Therapien „der Durchschnittspatient" ohne Zahlen schonender und dennoch ausreichend aufgeklärt werden kann.

Da in letzter Zeit von juristischer Seite auch die Aufklärung des Patienten vor seiner Einbeziehung in die Studie über einen „Ergebnistrend" gefordert wird und da diese Forderung in letzter Konsequenz jede Studie (nichtrandomisierte!) unmöglich macht, möchte ich eine Zusatzfrage an die Juristen anfügen: Von welcher Größenordnung an ist eine Trendaufklärung aus juristischer Sicht nötig? Wie groß muß die beobachtete (noch Schwankungen unterworfene) Wirksamkeitsdifferenz und wie groß die Sicherheit sein, daß Wirksamkeitsdifferenzen in die andere Richtung ausgeschlossen sind? Liegt dieser Zeitpunkt früher als der „Abbruchszeitpunkt" nach Plan bei „erwiesener" Überlegenheit einer Therapie aufgrund einer Zwischenauswertung?

Zur Durchführung der Randomisation ist wenig zu sagen. Soll die Randomisation ihren Zweck erfüllen (Ausschaltung von Störgrößen), so muß sie nach der Aufnahme des Patienten in die Studie durchgeführt werden. Dies bedingt, daß die Zustimmung zur Teilnahme und damit die Aufklärung des Patienten vor der Randomisierung erfolgen muß. Umgehen dieser Abfolge ist nur bei Einsatz von „Zelens-Design" möglich. Dann ist die Studie jedoch nach meiner Auffassung keine randomisierte Studie im strengen Sinne, da die nachgeschaltete Einwilligung des Patienten durchaus ein verzerrender Faktor sein kann. Zelens-Design kommt also nur dann als Ausweg in Frage, wenn zwingende Gründe die klassische Randomisierung unmöglich machen.

In multizentrischen Studien sollte die Randomisation zentral, am besten per Telefon, erfolgen. Auch andere Vorgehensweisen (verschlossene Kuverts, Listen etc.) sind akzeptabel, wenn ihre strikte Beachtung sichergestellt ist. Um Diskussionen und Zweifeln vorzubeugen, empfiehlt es sich, die relativ geringen Kosten für die telefonische Randomisierung nicht zu scheuen.

Stellen nichtrandomisierte Studien eine brauchbare Alternative zu randomisierten Studien dar?

E. Weber

Jede Verfahrensweise – auch eine randomisierte Studie – hat ihre negativen Aspekte. Sie werden besonders dann zu berücksichtigen sein, wenn sich herausstellt, daß ein alternatives Vorgehen möglich erscheint. Deshalb sollen die folgenden Ausführungen die Frage, ob nichtrandomisierte Studien eine brauchbare Alternative zu randomisierten Studien darstellen, behandeln.

Es sollte im Zusammenhang mit dem Thema des Workshops nicht unerwähnt bleiben, daß in den USA eine Gruppe um Gehan und Freireich (1974, 1981) die These vom Vorzug nichtrandomisierter Therapiestudien in der Onkologie vertritt. Diese Gruppe ist heute weitgehend festgelegt auf den Studientyp, der sich der historischen Kontrolle bedient. Es wird deshalb im folgenden nur auf diese eingegangen. Meine Darstellung berücksichtigt hauptsächlich die Argumente von Gehan u. Freireich, weil man annehmen kann, daß sie am besten in der Lage sein sollten, die Bedeutung der nichtrandomisierten Studie aufzuzeigen. Eine umfassende Besprechung würde den hier gegebenen Rahmen sprengen. Sofern Komparative gebraucht werden, beziehen sie sich stets auf den Vergleich zu randomisierten Studien.

Tabelle 1. Definition von Verfahren A und B

Verfahren A
Neues Medikament
Neues Therapieschema (veränderte Dosen und/oder Reihenfolge, zusätzliche Medikamente etc.)
Neue Kombination verschiedener Behandlungsverfahren (z. B. Bestrahlung, Operation, Medikamente, Nulltherapie etc.)
Verfahren B
Bisher geübtes, als bestes anerkanntes Behandlungsverfahren

Die im folgenden mehrfach genannten Verfahren A und B sind in Tabelle 1 definiert.

Nichtrandomisierte Studien bieten eine Reihe von Vorteilen. Diese sind teilweise in Tabelle 2 genannt. Gehan und Freireich gehen davon aus, daß ein Arzt, der eine neue Therapieart prüft, an die Möglichkeit glaubt, durch diese die Therapie zu verbessern. Es ergibt sich deshalb der Vorteil, daß alle in die Studie aufnehmbaren Patienten die neue Therapieart A erhalten. Kein Patient wird hinsichtlich der Therapieart A benachteiligt. Zu beachten ist die Akzentverschiebung insofern, als die Therapieart A – fast a priori – als überlegen angesehen wird.

Tabelle 2. Vorteile nichtrandomisierter Studien. Historischer Vergleich. (In Anlehnung an Gehan und Freireich 1974)

1. *Alle* in die Studie aufnehmbaren Patienten erhalten die als besser angesehene *neue* Therapieart A.
2. Die meisten ethischen Probleme entfallen; die Akzeptanz bei Arzt *und* Patient ist größer.
3. Die Ergebnisse werden mit weniger Patienten, d.h. auch schneller und billiger erhalten; das Vorgehen erscheint somit effizienter.

Aus Punkt 1 folgt, daß die meisten der bei randomisierten Studien entstehenden schwierigen ethischen Probleme entfallen. Da der Arzt überzeugt ist, kann er auch den Patienten leichter überzeugen, der von vornherein für eine neue Therapieart aufgeschlossen ist.

Gehan und Freireich stellen glaubhaft dar, daß die Ergebnisse in nichtrandomisierten Studien mit weniger Patienten, d.h. auch schneller und billiger, erhalten werden können. Daraus ergibt sich eine scheinbare erhöhte Effizienz dieses Verfahrens. Diese Situation ergibt sich insbesondere durch den Wegfall der aktuellen Kontrollgruppe.

Es muß für eine nichtrandomisierte Studie eine Reihe von Voraussetzungen gegeben sein, die in Tabelle 3 aufgeführt sind. Sie kommt

Tabelle 3. Voraussetzungen nichtrandomisierter Studien. Historischer Vergleich. (In Anlehnung an Gehan und Freireich 1974)

1. Es wird aufgrund von Vorversuchen eine Überlegenheit von Verfahren A gegenüber B angenommen.
2. Für B muß die Heilungsrate bekannt sein.
3. Die prognostisch relevanten Merkmale der Patienten und ihrer Erkrankung müssen bekannt sein.
4. Annahme: Es sind keine unbekannten wesentlichen Störfaktoren vorhanden.
5. Ein historischer Vergleich muß durchführbar sein.

nur in Frage, wenn aufgrund von Vorversuchen eine Überlegenheit von Verfahren A gegenüber B angenommen wird. Allerdings liegen in der Regel nur limitierte Vorkenntnisse über A vor, so daß es zweifelhaft erscheinen muß, ob diese Beurteilung zu Recht abgegeben wird. Sie ist in starkem Maße abhängig von der kritischen Durchleuchtung der Voruntersuchungen mit A.

Ist die Heilungsrate für B nicht bekannt, so muß sie zumindest abschätzbar sein.

Ähnlich wie für randomisierte Studien müssen die prognostisch relevanten Merkmale der Patienten und ihrer Erkrankung bekannt sein, insbesondere auch im Hinblick auf eine geeignete Blockbildung.

Die Annahme, daß keine unbekannten wesentlichen Störfaktoren vorhanden sind, ist kritisch. Sie setzt z.B. voraus, daß die zeitliche Verschiebung der Prüfung in der Kontroll- und der Testgruppe die gleiche Balance in der Verteilung der Störfaktoren schaffe wie eine Randomisierung. Gerade das Gegenteil wird von den meisten angenommen.

Die Möglichkeit zum historischen Vergleich ist nur gegeben, wenn keine Unvergleichbarkeit der mit A und B behandelten Gruppen vorliegt, zum anderen aber auch nur dann, wenn ausreichend Daten zum Vergleich publiziert werden bzw. zu erhalten sind.

Tabelle 4 schließlich nennt die Nachteile der nichtrandomisierten Studien. Insbesondere sind manche der Annahmen und auch der Voraussetzungen nicht unproblematisch. Ist A wirklich besser als B? Sind durch die Nichtgleichzeitigkeit der Testung von B und A tatsächlich keine Störfaktoren ungleich verteilt worden? Dieses wiegt um so schwerer, als die Strukturgleichheit hinsichtlich unbekannter Störfaktoren nicht nachweisbar ist (bei der randomisierten Studie wird ihre gleichmäßige Verteilung eben durch die Anwendung dieses Verfahrens angestrebt). Die amerikanischen Autoren empfehlen auch

Tabelle 4. Nachteile nichtrandomisierter Studien. Historischer Vergleich. (In Anlehnung an Gehan u. Freireich 1974)

1. Die Annahmen und Voraussetzungen sind nicht unproblematisch.
2. Strukturgleichheit hinsichtlich unbekannter Störfaktoren ist nicht beweisbar.
3. Die Datenqualität ist geringer, die Akzeptanz von Ergebnissen dementsprechend eingeschränkt; Nachfolgestudien sind unumgänglich.
4. Ungeeignet, wenn
   - Ungewißheit über Wert von A im Vergleich zu B besteht,
   - nur marginale Verbesserungen durch A zu erwarten sind.

aus diesem Grund, eine möglichst schnelle zeitliche Abfolge der Prüfung von B und A anzustreben, um diese Faktoren nicht außer Kontrolle geraten zu lassen.

Da die Datenqualität einer nichtrandomisierten Studie relativ niedrig eingeschätzt wird, ist die Akzeptanz der Ergebnisse nicht hoch.

Schließlich ist eine nichtrandomisierte Studie dann nicht möglich, wenn völlige Ungewißheit über die Überlegenheit eines der beiden Verfahren A oder B herrscht. Gehan und Freireich sind der Auffassung, daß dieser Fall praktisch nicht vorkäme (siehe oben). Die meisten Autoren jedoch setzen diesem die entgegengesetzte Meinung entgegen.

Marginale Unterschiede zwischen Therapieart A und B lassen sich durch historisch kontrollierte, nichtrandomisierte Studien nicht erfassen.

Fazit

Obwohl das Konzept von Gehan und Freireich sich auf viele erfolgreiche onkologische Therapieformen beziehen kann, die mit Hilfe nichtrandomisierter Studien zustande kamen und auch epidemiologische Studien sich nicht der Randomisierung bedienen, so zeigt sich doch, daß die nichtrandomisierte Studie in der Onkologie keine generelle Lösung der Probleme darstellt, da dieses Verfahren erhebliche Limitierungen in sich birgt. Andererseits sollte im Einzelfall die Prüfung, ob die jeweilige Fragstellung für eine nichtrandomisierte Studie als geeignet erscheint, gründlicher erfolgen als bisher. Dies erscheint angebracht angesichts einiger wichtiger Vorteile, z. B. im Hinblick auf ethische Probleme und auf die Akzeptanz von Arzt und Patient. Abgesehen von der zwingenden Notwendigkeit, von der Randomisierung abzusehen, wenn das Verfahren A als besser beurteilt wird als das Verfahren B, können nichtrandomisierte Studien in Sonderfällen zu empfehlen sein. Ein Beispiel bietet die Therapiestudie HD 82 für Morbus Hodgkin bei Kindern. Verfahren B hatte zu höchsten Raten für rezidivfreies Überleben (je nach Stadium zwischen 88 bzw. 100%) geführt, so daß jetzt bei abgemilderter Therapieintensität ohne Randomisierung geprüft werden kann, ob der gleiche Erfolg sich auch unter den neuen Bedingungen einstellt.

Literatur

Gehan EA, Freireich EJ (1974) Non-randomized controls in cancer clinical trials. N Engl J Med 290: 198–203

Gehan EA, Freireich EJ (1981) Cancer clinical trials. A rational basis for use of historical controls. Semin Oncol 8/4: 430–436

Kooperative Therapiestudie HD 82 zur Behandlung des Morbus Hodgkin bei Kindern der Deutschen Arbeitsgemeinschaft für Leukämieforschung und -behandlung im Kindesalter e. V., Studienleiter: G. Schellong/Münster.

Protokoll vom 20. August 1982. Verhandlung der Gesellschaft für pädiatrische Onkologie e. V. und der Deutschen Arbeitsgemeinschaft für Leukämieforschung und Behandlung im Kindesalter e. V.

Durchführung und Grenzen von Phase-III-Studien

K. zum Winkel und C. Krüger

Einführung

Die Voraussetzung, daß 2 oder mehr Therapiearten zum Zeitpunkt der Studienplanung gleichwertig erscheinen (Therapieart A gleichwertig Therapieart B), dürfte bei der überwiegenden Zahl der kontrollierten Therapiestudien in der Onkologie gegeben sein. Durch eine Phase-III-Studie soll die Frage beantwortet werden: Ist eine Therapieart überlegen?

In der Onkologie (Krebsforschung) soll durch die kontrollierten Studien die Wirksamkeit bzw. Überlegenheit der Pharmakotherapie, darüber hinaus aber auch der chirurgischen und der radiologischen Therapie überprüft werden. Im folgenden werden die Möglichkeiten für die Randomisation und der Umfang der erforderlichen Aufklärung aus medizinischer Sicht dargelegt, doch sollen darüber hinaus auch Grenzen aufgezeigt werden.

Als Beispiel haben wir uns auf Behandlungsmodalitäten des Mammakarzinoms sowohl bezüglich der Pharmakotherapie wie bezüglich der chirurgischen Behandlung und Strahlentherapie beschränkt. Dabei sollen Probleme der Randomisation unter besonderer Berücksichtigung der Aufklärung geschildert werden.

Beispiel I: Strahlentherapie gegen Chemotherapie gegen Antiöstrogentherapie in der postoperativen Behandlung des Mammakarzinoms

Die vom BMFT geförderten Studien „Adjuvante Therapie bei operierten Mammakarzinomen" beinhalten einmal den Vergleich (Abb. 1) der alleinigen Chemotherapie (Cyclophosphamid + Methotrexat + 5-Fluoruracil: CMF) mit der Kombination von Chemothera-

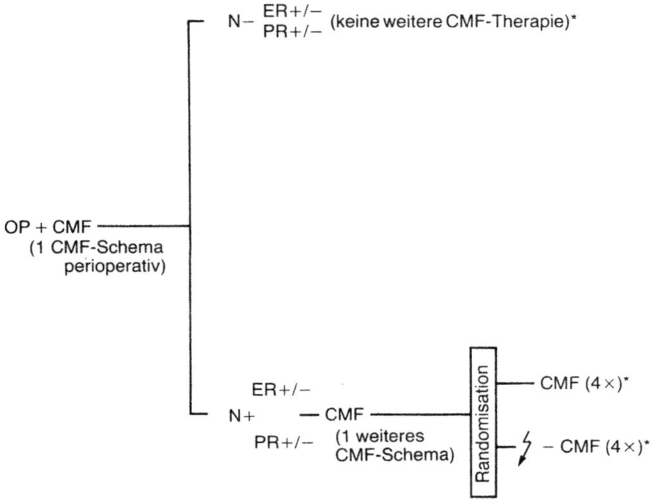

ER+/−: Östrogenrezeptor positiv/negativ*
PR+/−: Progesteronrezeptor positiv/negativ
* In jeden Therapiearm sollen innerhalb von 2 Jahren 500 Fälle aufgenommen werden.
CMF-Schema: Tag 1 und 8 jeweils 500 mg/m² Cyclophosphamid
40 mg/m² Methotrexat
600 mg/m² Fluorouracil
Wiederholung am Tag 29.

Abb. 1. Diagramm der Studie 1: Adjuvante Therapie bei operierten Mammakarzinomen: CMF vs. CMF + Bestrahlung. (Nach Bastert 1983)

pie plus Strahlentherapie der Thoraxwand, der Parasternalregion und der supra- und infraklavikulären Region (mit 50 bzw. 44 Gy). Die adjuvante Therapie wird nur bei histologisch nachgewiesenen axillären Lymphknotenmetastasen mit dem Ziel durchgeführt, das rezidivfreie Intervall zu verlängern und möglichst die Überlebensrate zu erhöhen. Durch die Studie erhoffen sich die Radiotherapeuten zusätzliche Aufschlüsse über die Effektivität der Nachbestrahlung (Verringerung der lokoregionären Rezidive und/oder verbesserte Heilungsrate).

In einer zweiten Studie (Abb. 2) wird bei Patientinnen mit positiven Achsellymphknoten perioperativ eine Basischemotherapie durchgeführt. Dann werden die Patientinnen zu folgenden Therapiearmen randomisiert:

1. Kontrolle (keine weitere Therapie),
2. weiterführende Chemotherapie,
3. Antiöstrogentherapie (Tamoxifen) und
4. Antiöstrogentherapie plus Chemotherapie.

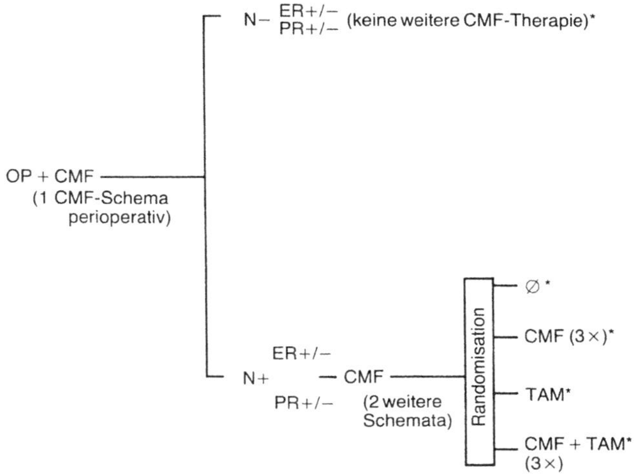

ER+/−: Östrogenrezeptor positiv/negativ
PR+/−: Progesteronrezeptor positiv/negativ
TAM: Antiöstrogen TAMOXIFEN (Nolvadex® 30 mg/täglich)
Die Tamoxifentherapie läuft über 2 Jahre.
* In jeden Therapiearm sollen innerhalb von 2 Jahren 500 Fälle aufgenommen werden.
CMF-Schema: Tag 1 und 8 jeweils 500 mg/m² Cyclophosphamid
40 mg/m² Methotrexat
600 mg/m² Fluorouracil

Abb. 2. Diagramm der Studie 2: Adjuvante Therapie bei operierten Mammakarzinomen: Chemo-Hormon-Therapie

Für die korrekte Durchführung ist eine enge interdisziplinäre Zusammenarbeit unerläßlich. Randomisiert wird vom methodischen Zentrum nach den obligaten Voruntersuchungen (unter Einschluß der Rezeptorbestimmung) und nach Information der Patientin.

Aufgeklärt wird über die Einzelheiten der verschiedenen Behandlungen und ihre Konsequenzen sowie über deren Vor- und Nachteile. Danach wird der Patientin die Frage gestellt, ob sie die Entscheidung für die Behandlung dem Arzt bzw. dem Zufall (Randomisation) überläßt oder ob sie selbst entscheiden will. Bei eigener Entscheidung wird die Patientin gesondert in der Studie mitgeführt.

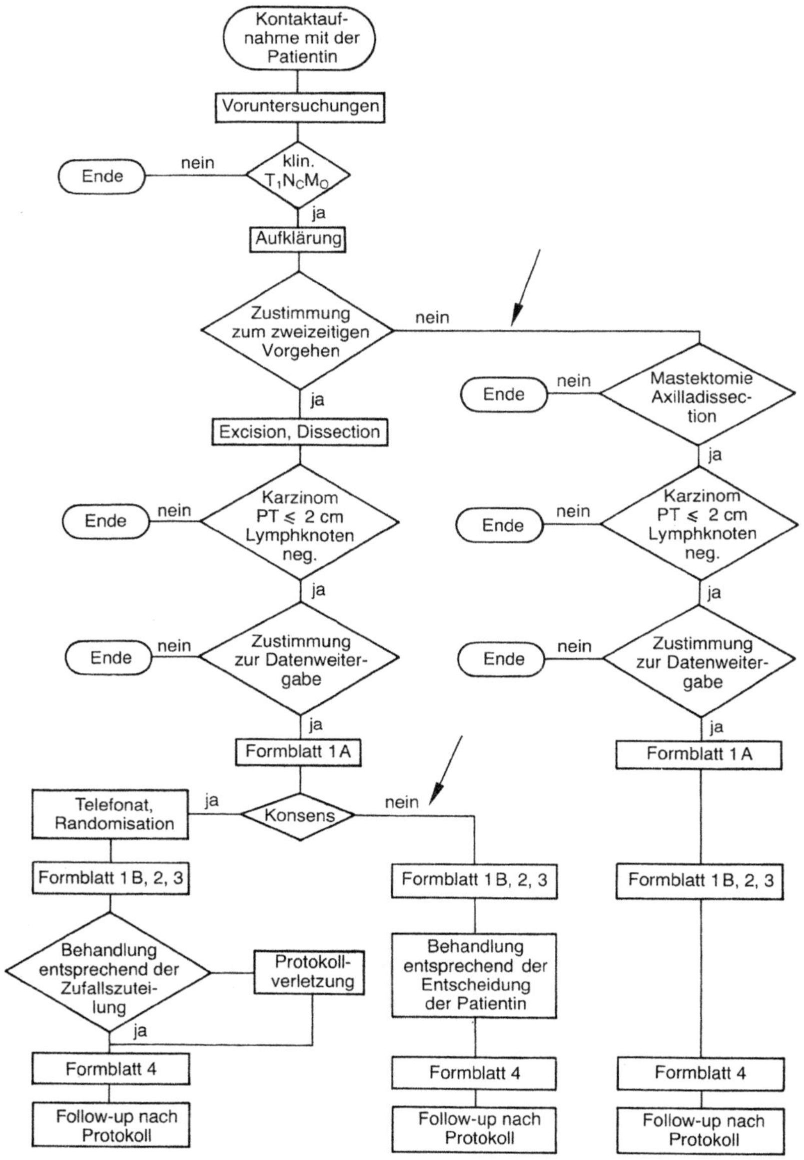

Abb. 3. Flußdiagramm zum Studienablauf: Behandlung des kleinen Mammakarzinoms. (Nach Rauschecker et al. 1983)

Beispiel II: Brustentfernung vs. Tumorexzision plus Bestrahlung (Brusterhaltung) beim Mammakarzinom

Wenngleich die Brustentfernung beim Mammakarzinom als Standardtherapie anzusehen ist, erscheinen nach den Beobachtungen ausländischer Forschergruppen im Tumorstudium $T_1N_0M_0$ brusterhaltende Maßnahmen keine ungünstigere Entwicklung auf den Krankheitsverlauf zu haben.

In der vom BMFT geförderten und inzwischen begonnenen Studie: Behandlung des kleinen Mammakarzinoms (Abb. 3) sollen erfaßt werden:

- Die Häufigkeit und Lokalisation lokoregionärer Rezidive,
- das Auftreten von Fernmetastasen,
- die Überlebenszeitverteilung und
- die Lebensqualität
  nach Mastektomie (Brustentfernung) oder Tumorexzision mit anschließender Strahlentherapie der gesamten Brust (Brusterhaltung).

Zusätzlich soll durch eine Kohortenstudie geklärt werden, wie viele Patientinnen sich für eine bestimmte Behandlung entscheiden bzw. sich randomisieren lassen (Abb. 4) und ob die Entscheidung von prognostischen und psychosozialen Faktoren abhängt. Auch soll der mögliche Zusammenhang zwischen Selbstselektion, Überlebenszeit und Lebensqualität eruiert werden (Rauschecker et al. 1983).

Geeignete Patientinnen (Tumorgröße, negativer Lymphknotenstatus, voraussichtlich $T_1N_0M_0$) werden noch *vor* Exzision des Primärtumors über die Studie und ihre Therapiemodalitäten aufgeklärt. Danach kann die Patientin zwischen Brustentfernung oder Brusterhaltung (Tumorexzision mit Strahlentherapie) wählen – beide Verfahren mit Dissektion der Axilla – oder die Entscheidung dem Zufall überlassen (Randomisation). Alle Patientinnen werden in gleicher Weise protokolliert und kontrolliert.

Die Aufklärung erstreckt sich auf

- die Therapiearten, ihre Wirksamkeit, ihre Nebenwirkungen und speziellen Risiken,
- die Tatsache der Randomisation, die bestehenden Vorkenntnisse

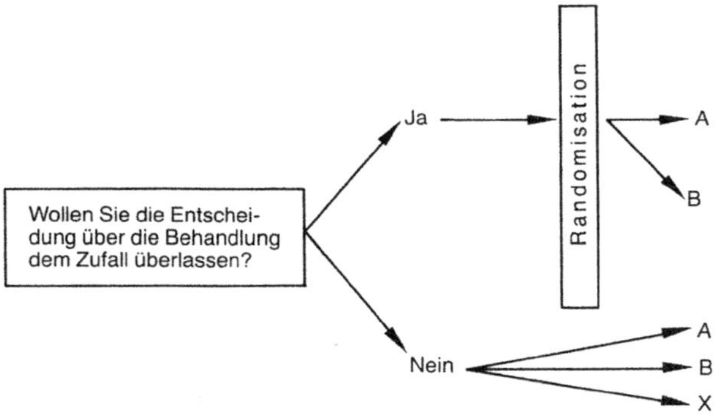

Abb. 4. Schema der Randomisation bei der Studie: Behandlung des kleinen Mammakarzinoms. Die Patientin wird gefragt, ob sie die Wahl zwischen den verschiedenen Möglichkeiten der Behandlung selbst und mit ihrem Arzt treffen will oder ob sie bereit ist, diese Entscheidung allein dem Zufall zu überlassen. *A* Mastektomie, *B* Bestrahlung, *X* keine von beiden Möglichkeiten. (Nach Rauschecker et al. 1983)

über die beiden Therapiearten, die wissenschaftliche Bedeutung der Studie und
- die Entscheidungsfreiheit (Wahl der Behandlung, Randomisation, Zurücknahme der Entscheidung durch die Patientin).

Bei der Aufklärung müssen auch zur Sprache kommen

- die Bösartigkeit,
- die Ausdehnung der Erkrankung (Größe des Tumors, Lymphknotenstatus, Ausschluß von Fernmetastasen),
- das Risiko der Multizentrizität (trotz primärer Tumorexzision im Gesunden).

Zu erwähnen sind bei der brusterhaltenden Methode die fakultativen Risiken der Brustbestrahlung, beispielsweise Verfärbung und/oder Fibrose sowie Verformung der Mamma, Lungenfibrose und Osteoradionekrose.

Die Ergebnisse der Zwischenauswertung können den Patientinnen nicht mitgeteilt werden.

Diskussion

Unter Beschränkung auf das Mammakarzinom wurde hinsichtlich der Randomisation und der Aufklärung zunächst das relativ einfache Beispiel der postoperativen Behandlung durch Chemotherapie, Strahlentherapie und/oder Hormontherapie bei nachgewiesenen Lymphknotenmetastasen geschildert. Im Gegensatz dazu steht das quasi als Extrembeispiel zu wertende Verfahren der Brustentfernung einerseits und der Brusterhaltung andererseits.

Generell sind in der Onkologie sorgfältig geplante und korrekt durchgeführte randomisierte Studien zu bejahen. Um beweisend zu sein, sollten sie an mehreren Zentren durchgeführt werden. Der Zwiespalt des behandelnden Arztes liegt aber letztlich in den Belangen des ihn um Rat fragenden *derzeitigen* Patienten und den Belangen der *zukünftigen* Patienten, denen vorwiegend die randomisierten Studien zugute kommen werden.

Die Ärzte müssen berücksichtigen, daß das Patienten-Arzt-Verhältnis nicht unterminiert wird. Deshalb muß in der Studie über die Brusterhaltung (kleines Mammakarzinom) nach Aufklärung die Entscheidung der Patientin einbezogen werden.

Zur Beurteilung der Therapie des Mammakarzinoms durch brusterhaltende Maßnahmen sollten u.a. folgende Fragen beantwortet werden (Brinkley 1982):

1. Für welche Kranken ist das brustkonservierende Verfahren geeignet und für welche ist es nicht geeignet?
2. Welche Langzeiteffekte (nach 10, 15 und 20 Jahren) hat die hochdosierte Strahlentherapie der Brust?
3. Welche langfristigen Überlebensraten (nach 10, 15 und 20 Jahren) sind zu erzielen?
4. Ist die Therapie für alle oder nur für bestimmte Lokalisationen des Brustkrebses geeignet?
5. Muß die Methode auf einige Strahlentherapiezentren (mit entsprechender Erfahrung) beschränkt werden?

Brinkley glaubt nicht, daß prospektive randomisierte Studien diese Fragen erschöpfend beantworten können. Ihr erscheint fraglich, ob die klinische Komplexität des Mammakarzinoms durch relativ simple Vergleiche einzelner Behandlungsmethoden wesentlich aufzuhellen ist. Vielleicht werden durch enthusiastische Studienteilnehmer und Biostatiker die Ärzte zu weit getrieben, so daß beim kleinen Mammakarzinom schließlich nur eine unrepräsentative Gruppe von Patientinnen übrig bleibt, die entweder den Ablauf der Studie nicht verstehen oder die ihren Ärzten nicht widersprechen wollen. Eine derart selektierte Patientinnengruppe wird jedoch kaum wertvolle Information über den gesamten spezifischen Bereich vermitteln (Brinkley 1982).

Die onkologisch tätigen Ärzte werden zukünftig auch Therapiestudien entwickeln müssen, die nicht notwendigerweise prospektive randomisierte Studien sind, die den „informed consent" (Einverständnis des Patienten nach Aufklärung) erfordern. Allerdings haben wir heute außerhalb der Randomisation keine Methode, die in ähnlicher Weise für den Vergleich von Behandlungsverfahren geeignet ist.

Medizinische Problematik

Muß der Arzt eine Frau umfassend aufklären, die gerade mit der Existenz eines Brustkrebses konfrontiert wurde? In den aufgeführten Studien wird dies gefordert. Der Arzt darf nach juristischer Auffassung nur dann dem Kranken Informationen nicht mitteilen, wenn deren Kenntnis eine schwere Gesundheitsgefahr für ihn bedeuten würde.

Muß man der Patientin mit Mammakarzinom detailliert mitteilen, daß sie in ein wissenschaftliches Experiment einbezogen werden soll, dessen Ergebnis anderen Patientinnen zugute kommen wird? Ist es inhuman, eine Patientin mit Brustkrebs zu einer Randomisation zu bewegen? Andererseits ist es aber unehrlich, die Patientinnen über die Tatsache der Randomisation nicht zu informieren (Brinkley 1982).

Der „informed consent" bereitet dem behandelnden Arzt Schwierigkeiten bei der Einführung von neuen Medikamenten oder bei der klinischen Forschung, die dem Patienten selbst keine Vorteile bringt, auch wenn der Arzt die Therapiestudie dem Patienten im Detail erklärt und mögliche Vorteile wie Risiken erläutert.

Der „informed consent" ist rechtlich vorgeschrieben, wird von Ethikkommissionen verlangt und soll in jedem Fall angestrebt werden.

Bei Therapiestudien an Krebspatienten kann aber eine umfassende Information recht einschneidend sein und dann außerhalb des Patienteninteresses liegen, geschweige denn eine hilfreiche Maßnahme bilden. Durch zahlreiche unerwartete Krankheitsverläufe haben wir gelernt, zurückhaltend mit Äußerungen über die Prognose zu sein und Hoffnung als fundamentales Element nicht nur in der Behandlung, sondern auch in der Aufklärung von Krebskranken zu berücksichtigen.

Grenzen der Aufklärung

Zum „informed consent" mögen schließlich 4 Aussagen geschildert und kommentiert sein:

1. Ein Physikprofessor und Schüler von Einstein unterbrach die ärztliche Aufklärung rasch mit dem Hinweis, diese wäre entweder unvollständig oder unwissenschaftlich, denn es würde versucht, ein medizinisches Problem einem Laien zu schildern. Dabei würde aller Voraussicht nach unerlaubt simplifiziert werden.

2. Der Filmschauspieler John Wayne, der später an einem metastasierten malignen Tumor starb, erklärte in einem Interview mit Margret Dünser (1979): „Ich finde es brutal, daß Ärzte die ganze Wahrheit einem Menschen ins Gesicht schleudern, jeden Rest auf Hoffnung nehmen." – Der onkologisch tätige Arzt soll Patienten, die an bösartigen Geschwülsten leiden, mit Humanität und Einfühlung – entweder sogleich umfassend oder „step by step" – aufklären. Wir klären oft nach und nach auf, um Zeit zu lassen zur Verarbeitung, nicht selten auch zur Verdrängung. Trotz Zustimmung zur Selbstbestimmungsaufklärung muß aber der Onkologe bei nicht wenigen Patienten Grenzen der Aufklärung feststellen und respektieren. Dann sollte er bemüht sein, dem Kranken keine neuen, womöglich kaum noch tolerierbaren seelischen Noxen zuzufügen. Mit ihm kann ein unausgesprochenes Stillhalteabkommen bezüglich weiterer Informationen erreicht werden. In Fortführung der Äußerung von J. Wayne mag sich der Arzt an den Ausspruch von Middleton erinnern: „He is the best physician who is the best inspirer of hope" (Buschke u. Parker 1972).

3. Der Gastroenterologe Ingelfinger, Herausgeber des New England Journal of Medicine, erkrankte selbst an einem Ösophaguskarzinom. Nach der Operation mußte entschieden werden, ob eine adjuvante Chemotherapie durchgeführt werden sollte oder nicht. „Ich kann mir keinen besser informierten Patienten vorstellen", schrieb Dr. Ingelfinger. Er selbst und seine Familie – darunter 2 Ärzte – wurden zunehmend unsicher. Schließlich sagte ein befreundeter Arzt: „Was Du brauchst, ist ein Doktor", und als alle sich entschlossen hatten, einem Arzt zu vertrauen, verging die Angst und Unsicherheit. – Danach muß der Arzt sich über den Gemütszustand seines Patienten schlüssig werden; er muß sich um dessen Not, Furcht und Argwohn kümmern und sollte gekennzeichnet sein durch Väterlichkeit und Fachkompetenz („paternalism and dominance") (Ingelfinger 1980).

4. Die Diagnose Krebs ist für jeden Patienten niederschmetternd. Nach ärztlichen Beobachtungen lassen Katastrophen die menschliche Entscheidungsfreiheit für Wochen und Monate einfrieren (Smith von British Medical Journal). Wie können wir rationale Entscheidungen von einer Frau erwarten, der gerade mitgeteilt wurde, sie habe Brustkrebs! Diese Patientin sollte nicht zusätzlich verängstigt werden durch komplexe Erläuterungen über therapeutische Alternativen, Überlebensraten, Nebeneffekte und schon gar nicht mit Schilderungen des Krankheitsablaufes. Smith empfiehlt, der Arzt solle die individuelle Situation beurteilen, Rat geben und Fragen beantworten. Der Arzt habe die Verantwortung, für den Patienten das Beste zu tun (Smith 1982).

Literatur

Bastert G (1983) Adjuvante Therapie bei operierten Mammacarcinomen. Studie 1: CMF versus CMF-Bestrahlung-CMF. Studie 2: Chemo-Hormon-Therapie. Forschungsvorhaben, gefördert vom Bundesforschungsministerium. Juni 83

Brinkley D (1982) A doctor's dilemma. In: Baum M, Kay R, Scheurlen H (eds) Clinical trials in early breast cancer. Birkhäuser, Basel Boston Stuttgart

Buschke F, Parker RG (1972) Radiation therapy in cancer management. Grune & Stratton, New York London

Dünser M (1979) Highlife. Kindler, München

Ingelfinger FJ (1980) Arrogance. N Engl J Med 303: 1507–1511

Rauschecker H, Sauer R, Schauer A, Scheurlen H (1983) Behandlung des kleinen Mammacarcinoms. Forschungsvorhaben, gefördert vom Bundesforschungsministerium. Studienprotokoll Januar 83

Smith AJ (1982) Doubts about research trials. In: Baum M, Kay R, Scheurlen H (eds) Clinical trials in early breast cancer. Birkhäuser, Basel Boston Stuttgart

Besonderheiten bei Randomisation und Patientenaufklärung im Rahmen chirurgisch-onkologischer Therapiestudien

C. Herfarth und P. Schlag

Die kontrollierte randomisierte Studie ist bei Prüfung von Therapieverfahren, die hinsichtlich ihrer Effektivität als gleichwertig angesehen werden, jeder anderen Form von Testgruppenbildung vorzuziehen. Die Randomisation stellt die derzeit beste Möglichkeit dar, nicht bekannte Einflüsse auf die Therapie zu eliminieren, insofern als diese durch das Prinzip der Zufallsverteilung auf die einzelnen Gruppen gleich verteilt werden. Damit soll ausgeschlossen werden, daß ein unter Umständen durch die Studie nachgewiesener Unterschied im Behandlungsergebnis verschiedener Behandlungsverfahren auf eine Ungleichverteilung von Störgrößen zurückzuführen ist. Wie schwer bzw. unmöglich bei chirurgisch-onkologischen Therapiestudien Störfaktoren selbst durch Randomisation auszumerzen sind, soll im folgenden aufgezeigt werden. In diesem Zusammenhang sollen auch die Probleme, die sich bei der Aufklärung von Patienten ergeben, erörtert werden.

Ein generelles Problem bei Durchführung von Studien in der operativen Medizin liegt darin, daß im Gegensatz z. B. zu Medikamentenstudien der behandelnde Arzt nicht nur Therapeut, d. h. Verordner einer bestimmten Behandlung ist, sondern vielmehr das „Instrument der Therapie" selbst. Die Wirksamkeit einer Behandlungsform wird daher im besonderen von den individuellen Leistungen des Operateurs geprägt. Somit bestehen bereits hier von Beginn an andere Voraussetzungen als bei Therapiestudien, die verschiedene Medikamente oder Medikamentenkombinationen bzw. gleiche Substanzen mit unterschiedlicher Modalität der Applikation untersuchen. Die Behandlungskonzeption wird bei den Medikamentenstudien durch das Studienprotokoll eindeutig definiert und festgeschrieben. Dies kann bei operativen Therapiestudien nicht ohne weiteres gewährleistet werden, da trotz exakter Beschreibung einer Operationsmethodik die

Erfahrung des Operateurs miteingeht. Da die Definition und die Abgrenzung eines operativen Standardverfahrens von einem Behandlungsverfahren im Beobachtungsstadium diesen Gesichtspunkt zu berücksichtigen hat, können trotz festgeschriebenem Studienprotokoll die Übergänge von Heilbehandlung und Heilversuch fließend werden. Eine Studie, die z. B. die Anastomoseninsuffizienz und die Rezidivrate der anterioren Rektumresektion beim Mastdarmkrebs hinsichtlich einer manuell bzw. maschinell gefertigten Anastomosennaht vergleicht, mag dies verdeutlichen: Von einem mit der Handnaht erfahrenen Operateur kann vorausgesetzt werden, daß dieser auch die Technik der Maschinennaht beherrscht, jedoch möglicherweise nicht mit der Perfektion, mit welcher dies für den vorwiegend „maschinell ausgebildeten" Chirurgen zutrifft. Eine Umkehranalogie ist jedoch nicht ohne weiteres möglich. Die Problematik liegt auf der Hand. Eine Randomisation nicht nur der Behandlung, sondern auch des Operateurs kann auch hier die Problematik nicht zufriedenstellend lösen, da die Leistungsfähigkeit einer Methode nach wie vor von der operativen Erfahrung abhängig bleibt. Das Postulat der Randomisation klinischer Studien scheint bei Studien mit primär chirurgisch-klinischen Fragestellungen wenig hilfreich zu sein. Auch stößt gerade in der chirurgischen Onkologie der randomisierte Vergleich zweier Standardoperationen in der Regel auf unterschiedliche Ausgangssituationen. Eine Übereinstimmung im Tumorstadium als wesentliche Voraussetzung für eine Vergleichbarkeit zweier operativer Verfahren kann meist nur intraoperativ oder sogar erst postoperativ exakt getroffen werden. Diese Problematik ergibt sich z. B., wenn überprüft werden soll, inwieweit 2 anerkannte Standardverfahren, nämlich die Magenteilentfernung oder die Gastrektomie (totale Magenentfernung), hinsichtlich der Behandlungsergebnisse beim Magenkarzinom vergleichbare oder unterschiedliche Ergebnisse liefern. Eine Abklärung, inwieweit tatsächlich mit „vergleichbarer Ungewißheit" beide Behandlungsmaßnahmen durchgeführt werden, kann letztendlich ex ante nur intraoperativ befriedigend geklärt werden. Erst hiernach kann de facto festgelegt werden, inwieweit der Patient die Voraussetzungen für den randomisierten Therapievergleich erfüllt. Die Schwierigkeiten, die hieraus für die Patientenaufklärung resultieren, sind offensichtlich und lassen es mehr als fragwürdig erscheinen, inwieweit ein nichtmedizinisch vorgebildeter Patient überhaupt die anstehende Problematik mit dem Widerspruch einer evtl.

erst intraoperativ vollziehbaren Zufallszuteilung zur Therapie bzw. einer durch den intraoperativen Befund vorgegebenen Therapienotwendigkeit versteht und seine Zustimmung geben kann.

Die Voraussetzung einer „vergleichbaren Ungewißheit" als Basis einer randomisierten Studie ist aber auch in anderen Sachverhalten in der chirurgischen Onkologie nicht gegeben und hierdurch different zu medikamentösen Therapiestudien. Dies wird z. B. in Vergleichsstudien chirurgischer Behandlung mit konservativen Maßnahmen (zytostatischer bzw. strahlentherapeutischer Therapie) deutlich. Bei der medikamentösen Therapie ist in der Regel ein Rückzug aus dem Behandlungsplan für den Patienten jederzeit möglich, die Randomisation in einem operativen Therapiearm bedeutet jedoch Endgültigkeit. Eine Abänderung der vollzogenen Therapie ist ebenso nicht mehr möglich wie ein Überwechseln von einer auf eine andere Therapie (Cross-over). Dies trifft z. B. für Therapiestudien beim Mammakarzinom, die die alleinige Strahlentherapie oder die Strahlentherapie in Kombination mit einem chirurgischen Minimaleingriff mit der klassischen Standardoperation der Brustdrüsenentfernung vergleichen, zu. Während die in die Bestrahlungsgruppe randomisierten Patienten auch unter der Therapie diese abbrechen und alternative Behandlungsformen wählen können, besteht diese Möglichkeit für radikal operierte Patienten nicht. Die vollzogene Mastektomie schafft einen irreversiblen Zustand, der einen Rückzug verbaut. Auf diese besondere Situation einer randomisierten chirurgisch-onkologischen Therapiestudie ist im Aufklärungsgespräch hinzuweisen, wodurch sicher dem Patienten die Entscheidung zur Teilnahme an einer solchen Untersuchung nicht erleichtert wird.

Bei der Aufklärung über eine randomisierte Studie muß angesprochen werden, inwieweit Standardverfahren miteinander oder Humanexperimente mit bewährten Standardbehandlungsmaßnahmen verglichen werden sollen. Trotz einer solchen Aufklärung wird sich bei Fehlschlag einer Behandlung der Operateur nicht auf das Studienprotokoll zurückziehen können. Auch bei Vorliegen eines „informed consent" wird der Mißerfolg das Vertrauen des Patienten in den Operateur extrem belasten. Schuldzuweisungen, daß möglicherweise nicht die vorausgesetzte „vergleichbare Ungewißheit" bestand, können hier zur Regel werden, da keine operativen Alternativen mehr zur Verfügung stehen, während für den medikamentös behandelten Kranken potentiell die Chance besteht, bei Therapiefehlschlägen im

Rahmen randomisierter Studien die (vom Patienten im nachhinein) vermeintlich oder tatsächlich für besser erachtete Behandlung des alternativen Therapiearms zu erhalten (Cross-over).

Weniger Probleme scheinen zunächst randomisierte onkologische Therapiestudien aufzuwerfen, die die Operation als Teil eines Behandlungskonzepts untersuchen, da die Indikation zu einer Operation und die Operation selbst in solchen Studien dem allgemeinen Standard entspricht. Postoperative adjuvante Chemo- oder Strahlentherapiestudien sind im allgemeinen hinsichtlich Randomisation und Aufklärung der Patienten vergleichbar mit dem Großteil konventioneller Medikamentstudien. Unterschiede ergeben sich jedoch bei randomisierten Studien mit prä- oder auch perioperativer Zusatzbehandlung, in denen als Kontrollgruppe Karzinompatienten mit operativer Standardtherapie herangezogen werden. Durch eine präoperative Therapie, die auf randomisierter Basis untersucht werden soll, kann das Tumorstadium beeinflußt werden, so daß Schwierigkeiten bestehen, zu überprüfen, ob in einer Studie tatsächlich noch vergleichbare Ausgangssituationen beider Therapiearme bestehen, insbesondere wenn die präoperative Therapie zu Patientenausfällen in der Studie führte. Da diese Störgrößen vor allem die kombiniert zu behandelnde Patientengruppe (Standardoperation + Zusatztherapie) in der Regel betrifft, kann hier trotz Randomisation eine Imbalance der Gruppen resultieren, die eine exakte Vergleichbarkeit, vor allem bei kleinen Fallzahlen, erschwert. Als Beispiel sei hier auf die präoperative Strahlentherapie beim Rektumkarzinom verwiesen, wobei hier im nachhinein zu beobachtende Unterschiede im postoperativen Tumorstadium vorbestrahlter im Vergleich zu ausschließlich operierten Patienten u. U. offenlassen, inwieweit diese ausschließlich der Zusatztherapie zuzuschreiben sind oder durch „Drop-out-Patienten" bedingt werden.

Zum Problem bei randomisierten chirurgisch-onkologischen Studien kann auch eine ex post (aufgrund des intra- oder postoperativen Tumorstadiums) nicht mehr den Eingangskriterien entsprechende Zusatztherapiemaßnahme werden oder die Unmöglichkeit, die gewünschte Therapieoption aufgrund operationstechnischer Gegebenheiten zu vollziehen. Eine solche Problematik stellt sich uns z. Z. mit einer perioperativen Studie, die die Wertigkeit einer Zytostatikainfusion in die Pfortader zur Prophylaxe von Lebermetastasen untersucht. Hier kann erst intraoperativ eindeutig festgelegt werden, inwieweit die Studienvoraussetzungen für einen Patienten tatsächlich erfüllt sind, um die Randomisation vornehmen zu können. Inwieweit dann die Therapieoption der Kathetereinlage durchführbar ist, kann wiederum erst hiernach festgestellt werden. Da eine prinzipielle Kathetereinlage in die Pfortader bei allen Studienpatienten – somit auch bei Patienten der Kontrollgruppe – aus ethischen Gründen nicht möglich ist, ergeben sich trotz Randomisation Imbalancen, die in unserem Fall durch das Prinzip der sog. adaptativen Randomisation auszugleichen versucht wird. Dieses spezielle Verfahren der Randomisation wird aber von statistischer Seite nicht uneingeschränkt anerkannt. Für das Aufklärungsgespräch mit dem Patienten ergibt sich hierbei wiederum die Widersprüchlichkeit zwischen der Notwendigkeit der Randomisation in eine Beobachtungs- und Therapiegruppe und der Unsicherheit, die auf Zufallsverteilung basierende Option tatsächlich ausführen zu können.

Die Aufklärung eines jeden Patienten über die Randomisation und seine Zustimmung zur Randomisation, basierend auf dem Selbstbestimmungsrecht des Kranken, das hohen Respekt verlangt, gilt auch für chirurgisch-onkologische Studien. Eine generelle Einsicht in diese Notwendigkeit wird für den aufklärungspflichtigen Operateur besonders da schwierig sein, wo scheinbar gleichartige operative Standardverfahren außerhalb von Studien zufallsabhängig praktiziert werden. Als Beispiel sei auf den operativen Eingriff der Magenresektion mit den verschiedenen Möglichkeiten der Wiederherstellung der Nahrungspassage verwiesen. Durch Prärandomisation die Problematik in der Patientenaufklärung zu umgehen, wird methodisch abgelehnt und ist auch ethisch zweifelhaft. Darüber hinaus stellt die Randomisation generell sowohl aus der Sicht des Patienten wie aus der Sicht des Chirurgen einen Widerspruch zur individuell gewählten und erwarteten sowie der individuell erbrachten operativen Leistung dar. Randomisierte Studien werden somit aus praktischen, methodischen und (berufs-)ethischen Gründen und Überlegungen nur sehr begrenzt bei chirurgisch-onkologischen Therapiefragen Anwendung finden können und stellen bei weitem nicht von vornherein eine Garantie für eine wissenschaftlich fundierte Untersuchung dar. Dies soll aber nicht über die Vorzüge gut aufgebauter und richtig durchgeführter randomisierter Studien bei geeigneten therapeutischen Fragestellungen auch im chirurgisch-onkologischen Bereich hinwegtäuschen. Die Voraussetzung hierfür wird die Vollaufklärung des Patienten unter

Nutzung des therapeutischen Privilegs bleiben. Viele chirurgisch-onkologische Fragestellungen werden jedoch nach wie vor nicht im geschlossenen Rahmen einer randomisierten Studie, sondern unter den natürlichen Gegebenheiten der klinischen Praxis auch in Zukunft zu beantworten sein.

Literatur

Byar DP, Simon RM, Friedewald WT et al. (1976) Randomized clinical trials. Perspectives on some recent ideas. N Engl J Med 295: 74–80

De Dombal ET (1980) The controlled, randomised clinical trial – Sacred duty or sacred cow? Klin Wochenschr 58: 649–652

Hellman S (1979) Editorial: Randomized clinical trials and the doctor-patient relationship. An ethical dilemma. Cancer Clin Trials 2: 189–193

Herfarth C (1982) Probleme der experimentellen klinischen Chirurgie. In: Doerr W, Jacob W, Laufs A (Hrsg) Recht und Ethik in der Medizin. Springer, Berlin Heidelberg New York

Laufs A (1981) Kontrollierte klinische Studien: Ja oder Nein? Zum Recht der Neulandmedizin. Chirurg 52: 414–416

Lindenschmidt T-O, Beger HG, Lorenz W (1981) Kontrollierte klinische Studien: Ja oder Nein? Aufgaben und Grenzen kontrollierter klinischer Studien (KS) aus der Sicht des Chirurgen. Chirurg 52: 281–288

Louis TA, Lavori PW, Bailar JC, Polansky M (1984) Crossover and self-controlled designs in clinical research. N Engl J Med 310: 24–31

Schafer A (1982) The ethics of the randomized clinical trial. N Engl J Med 307: 719–724

Zusatztherapie (adjuvante Therapie) zu einer Standardtherapie

D. v. Fournier und H. Schmid

Die Problematik einer adjuvanten Therapie und adjuvanter Therapiestudien soll anhand der Situation beim Brustkrebs der Frau dargestellt werden.

Beim Brustkrebs ist bereits bei Erstdiagnose in etwa 60% der Fälle eine Streuung der Krankheit in den Körper (Metastasierung) eingetreten.

Das bedeutet, daß selbst die radikalste Methode der operativen Entfernung der Brustdrüse mit lokalen Zusatzmaßnahmen (Bestrahlung) nicht die Krankheitsursache beseitigen kann, da in anderen Körperregionen schon gestreute Krebszellen wachsen.

Bis heute gibt es keine sicheren Hinweise dafür, ob im Einzelfall diese Metastasierung schon stattgefunden hat oder nicht. Die Untersuchung des Tumors gibt aber Hinweiszeichen dafür, ob eine solche Streuung wahrscheinlich oder weniger wahrscheinlich ist. Diese Zeichen sind:

- der histologische Typ (Grading),
- die Anzahl befallener Achsellymphknoten (mit der die Metastasierungswahrscheinlichkeit wächst),
- der Gehalt der Tumorzellen an Hormonrezeptoren
- und die S-Phasen-Bestimmung (Häufigkeit von Zellteilungen und Entartung des Chromosomensatzes).

Es ist einsichtig und klinisch nachgewiesen, daß bei einer Streuung in den Körper die zunehmende Radikalität der Behandlung der Brustdrüsen selbst den Verlauf nicht mehr bessern kann. Vielmehr wurden Therapiekonzepte entwickelt, bei denen lokal an der Brustdrüse genügend Sicherheit durch Operation und Bestrahlung gegeben ist, andererseits gleichzeitig die mögliche Metastasierung in den ganzen Körper medikamentös (systemische Behandlung) behandelt wird. Diese Zusatzbehandlung erfolgt mit Hormonen, die weniger eingreifende Nebenwirkungen haben, und mit Chemotherapeutika, die besonders wirksam sind, aber massive Sofort- und Spätwirkungen haben.

Ein Problem einer solchen adjuvanten Chemotherapie liegt darin, daß weder genau bekannt ist, ob Fernmetastasen beim Einzelpatienten vorliegen, noch ein Meßparameter vorliegt, ob die gewählte Chemotherapie bei dem vorliegenden Tumortyp auch anspricht. Dazu sind die angenommenen Metastasen zu klein, also mit heutigen Methoden nicht erkennbar, weshalb diese Behandlung auch „adjuvant" heißt.

Bei der gewählten Chemotherapie geht man von der Wahrscheinlichkeit des Ansprechens auf diese Medikamente aus, welche bei großen faßbaren Metastasen langjährig nachgewiesen wurde.

Die Nebenwirkungen der am häufigsten geübten adjuvanten Chemotherapie (Cyclophosphamid + Methotrexat + 5-Fluoruracil: CMF) sind Übelkeit, Erbrechen, häufig Haarausfall, erhöhte Anfälligkeit für Infektionen, Beeinträchtigung des Knochenmarks mit Absinken der roten und weißen Blutzellen, Verminderung der Immunabwehr gegen Infektionskrankheiten (und gegen Krebs), gehäufte Entstehung anderer Krebse nach einigen Jahren u. a.

Allein die hohe Sterberate nach 5 und 10 Jahren nach Mammakarzinom berechtigt eine solche eingreifende adjuvante Behandlung. In Tabelle 1 sind von Fisher et al. (1981) die Überlebensraten in Abhängigkeit von der Anzahl befallener axillärer Lymphknoten dargestellt.

Wie in Tabelle 1 ersichtlich, überlebten nach 10 Jahren bei Befall bis zu 3 Lymphknoten nur 38% der Patientinnen, bei Befall von 4 und

Tabelle 1. Rezidivraten und Überlebensraten nach 5 und 10 Jahren in Abhängigkeit von der Anzahl befallener axillärer Lymphknoten beim Mammakarzinom. (Nach Fisher et al. 1981)

Axillärer Lymphknotenbefall	Rezidivrate in % nach		Überlebensrate in % nach	
	5 Jahren	10 Jahren	5 Jahren	10 Jahren
N_0	18	28	78	65
N_{1-3}	50	64	62	38
$N_{\geq 4}$	79	86	32	13
Alle Patientinnen	45	50	61	46

mehr Lymphknoten nur noch 13% aller Frauen. Bei diesen Patientinnen, die befallene Lymphknoten zeigen, soll die Therapie eingesetzt werden.

In einer Langzeitstudie von Nissen-Meyer (1983) wurde nach 15 Jahren einer solchen adjuvanten Chemotherapie mit Cyclophosphamid nachgewiesen, daß insgesamt 10% der Frauen überlebten (Tabelle 2).

Inzwischen wurde von Bonadonna (1978) und Fisher (1981) nachgewiesen, daß bei der Kombination bestimmter Meßgrößen (insbesondere bei Befall von nur 1–3 Lymphknoten und rezeptorreichem Tumor) 20% mehr Patientinnen 5 Jahre überlebten, als ohne diese Behandlung.

Tabelle 3 zeigt die Behandlungsergebnisse einer adjuvanten CMF-Therapie nach 5 Jahren, wobei ersichtlich ist, daß bei Befall von 1–3 Lymphknoten 65,1% der Patientinnen gegenüber nur 45,6% bei den Kontrollen überlebten (Bonadonna 1981).

Schon aus der Aufgliederung in Tabelle 3 in 4 Untergruppen (1–3 Lymphknoten, > 3 Lymphknoten, prämenopausal und postmenopausal) ist ersichtlich, daß bei Erwartung einer erfolgreichen ad-

Tabelle 2. Ergebnisse nach adjuvanter Chemotherapie mit Cyclophosphamid, 15 Jahre nach Behandlung. Verbesserung durch C = 10% Überleben. (Nach Nissen-Meyer 1983)

	Anzahl Patientinnen	Rezidive	Todesfälle
Cyclophosphamid	559	241	234
Kontrollgruppe	577	294	283

Tabelle 3. Prozentuale rezidivfreie Überlebenszeit nach adjuvanter CMF-Chemotherapie. (Nach Bonadonna et al. 1981)

Ausgangssituation	Kontrolle n = 179 [%]	Adjuvante CMF-Chemotherapie n = 207 [%]
N_{1-3}	45,6	65,1
$N_{>3}$	31,8	35,7
Prämenopausal	42,7	59,8
Postmenopausal	44,9	50,5
Gesamt	43,8	55,7

juvanten Chemotherapie die Studien einfach erforderlich sind, um diejenigen Untergruppen herauszufinden, bei denen eine solche Therapie besonders erfolgreich ist oder bei denen vielleicht eine solche Therapie gar nicht wirkt, wie bei der Gruppe mit >3 befallenen Lymphknoten (35,7% gegenüber 31,8% Überlebende bei den Kontrollen).

Das gute Ansprechen der einen Patientengruppen (20%) und die Erfolglosigkeit bei der anderen Gruppe (4%) war natürlich weder vorhersehbar und ist noch vor wenigen Jahren gar nicht erwartet worden. Therapiestudien sind also erforderlich, wenn der nun ca. 50 Jahre andauernde Stillstand der Behandlungsergebnisse beim Mammakarzinom durch eine systemische adjuvante Behandlung weiter verbessert werden soll. Die Studie muß prospektiv randomisiert sein und ein Kontrollkollektiv beinhalten.

Gegen den sehr wichtigen juristischen Aspekt, daß durch den Verzicht auf eine randomisierte Studie mit Kontrollgruppe („Versuche am Menschen") das gleiche Wissen erlangt wird, wenn zeitlich aufeinander folgende Therapien (keine randomisierte Studie) miteinander historisch verglichen werden, spricht folgende klinische Besonderheit: Nach Duncan u. Kerr (1976) treten gerade bei kleinen und kleinsten Mammakarzinomen Fernmetastasen z.T. erst nach 15 und 20 Jahren auf, so daß die endgültige Heilrate nicht vor diesem Zeitpunkt bestimmbar ist. Historische Studien in diesen langen Zeiträumen haben sich dann längst überholt, weil dann inzwischen laufend neue, weniger toxische oder wirksamere Chemotherapeutika entdeckt werden.

Ein weiterer Punkt, der *für* die randomisierte Studie und gegen den historischen Vergleich zeitlich aufeinanderfolgender Behandlungsarten spricht, welche zu vergleichen sind, ist folgender: Langzeitnebenwirkungen einer Chemotherapie sind im Vergleich zur Verbesserung der Überlebensrate bisher noch nicht abschätzbar. Es kann durchaus sein, daß erst nach 15–20 Jahren die immunsuppressorische Nebenwirkung zu einem Anstieg der Zweitkarzinome und Infektionsraten bei den Überlebenden führt und die zunächst beobachteten Vorteile der Chemotherapie wieder zunichte macht.

Für die adjuvante Chemotherapie beim Mammakarzinom wird zum jetzigen Zeitpunkt als gesichert angesehen:

1. Beim Gesamtkollektiv wird die Rezidivfreiheit und Metastasenfreiheit verlängert, nicht gesichert ist die Verlängerung der Gesamtüberlebenszeit.
2. Bei definierbaren Untergruppen (prämenopausale Frauen, Befall von 1–3 Lymphknoten, positiver Rezeptorstatus) ist der therapeutische Gewinn so groß, daß mögliche Nachteile in den Hintergrund treten.
3. Ungewiß ist, ob bei Untergruppen mit positivem Rezeptorstatus oder bei zunehmendem Lebensalter die adjuvante Hormontherapie einen ähnlich großen Effekt wie die Chemotherapie hat.
4. Die Rate an Zweitkarzinomen war im bisher beobachteten Zeitraum bei den gewählten Chemotherapiedosen nicht erhöht.

Zur Zeit ungeklärte Fragen sind:

1. Welchen Wert besitzt eine adjuvante Hormontherapie und bei welchem Kollektiv ist sie sinnvoll?
2. Welchen Wert besitzt eine adjuvante Therapie bei Patientinnen mit karzinomfreien Lymphknoten, von denen innerhalb 10 Jahren immerhin auch 35% am Tumor sterben?
3. Welchen Wert besitzt eine Kombination von Hormon- mit Chemotherapie und bei welchem Kollektiv ist sie sinnvoll?
4. Wo liegt der optimale Therapiebeginn und wie lange währt die optimale Therapiedauer?

Noch schwieriger ist das therapeutische Vorgehen, wenn gleichzeitig der Stellenwert der Strahlentherapie zur postoperativen Behandlung berücksichtigt wird.

Die Bestrahlung führt lokal im Operationsgebiet zu einer eindeutig geringen Rate von lokalen Rezidiven. Wird jedoch gleichzeitig eine adjuvante Chemotherapie gegeben, so verstärken sich die Nebenwirkungen beider Behandlungen gegenseitig und eine sonst nebenwirkungsarme Strahlentherapie wird durch die Chemotherapie mit deutlichen Nebenwirkungen belastet.

Bevor die erwiesenen Vorteile einer Strahlentherapie wegen ungewisser Vorteile einer adjuvanten Chemotherapie verlassen werden, ist die Abklärung der Kombination beider Therapien durch Studien medizinisch wünschenswert.

Die wichtigsten Einwände *gegen* eine adjuvante Chemotherapie sind zum jetzigen Zeitpunkt die folgenden:

1. Es wird befürchtet, daß durch eine adjuvante Chemotherapie Zellklone herausselektiert werden, die später chemotherapieresistent sind.
2. Wie kann man eine Patientin im späteren Stadium der Fernmetastasierung zu einer erneuten Chemotherapie motivieren, wenn die vorher angepriesene *adjuvante* postoperative Chemotherapie in ihrem Fall versagt hat?
3. Bei Frauen mit schlechter Überlebenserwartung wird die Lebensqualität während und für Monate nach der adjuvanten Chemotherapie unvertretbar verschlechtert im Vergleich zu dem begrenzten Nutzen.

Für die *Aufklärung* zu adjuvanten Therapiestudien beim Mammakarzinom, wie sie heute schon durchgeführt werden, sind die Patientinnen über folgende Punkte zu informieren:

Durch eine adjuvante Chemotherapie wurde bisher bei allen Patientenkollektiven, allerdings mehr oder weniger erfolgreich in Abhängigkeit von dem Tumortyp, sowohl die Rezidivfreiheit wie die Metastasenfreiheit für die nächsten Lebensjahre verbessert. Im Einzelfall kann nicht vorausbestimmt werden, ob die Behandlung diesen Patientinnen gerade hilft. Für die weniger belastende adjuvante Hormonbehandlung ist eine gleich gute Wirksamkeit bisher noch nicht bewiesen.

Es kann sein, daß sich Wirkungen der Chemotherapie in späten Lebensjahren, z.B. nach dem 15. bis 20. Jahr, negativ auswirken. Bisherige Langzeitstudien bis zu 15 Jahren haben allerdings keine negativen Auswirkungen gezeigt. Ausgiebig müssen alle möglichen Komplikationen und Nebenwirkungen der Chemotherapie in einer für die Patientin faßlich begreifbaren Form dargestellt werden.

Empfehlenswert ist zusätzlich ein verformulierter Text, aus dem die Patientin in Ruhe die einzelnen Punkte entnehmen und nachfragen kann. Die Aufklärung soll onkologisch erfahrenen Ärzten überlassen werden. Erfahrungsgemäß sind die Frauen in einem hohen Maß bereit, an einer randomisierten Studie teilzunehmen, wenn sie genügend aufgeklärt wurden.

Keineswegs darf der Wunsch des Arztes nach einer Studie dazu führen, daß die Meinung der Patientin einseitig beeinflußt wird.

Besonders problematisch sind adjuvante Zusatztherapien, welche in der Schulmedizin nicht etabliert sind, jedoch von etwa 60% aller

Frauen wahrgenommen werden. Die Patientinnen sind hier einseitig v.a. durch eine kommerziell ausgerichtete Werbung für diese Präparate dahingehend beeinflußt worden, daß diese Behandlung ohne eingreifende Nebenwirkungen mit eindeutigem Behandlungserfolg verbunden sei. Wegen der außerordentlichen Verbreitung dieser Zusatzmaßnahmen ist es medizinisch notwendig geworden, diese Präparate von neutraler medizinischer Seite zu prüfen. Hierzu gehören z.B. Frischzellbehandlung, Mistelpräparate u.ä.

Bei einem Aufklärungsgespräch über eine Studie mit solchen Präparaten mit nicht nachgewiesener Wirkung sind folgende Punkte zu berücksichtigen:

Die Wirksamkeit einer solchen Therapie ist bisher nicht bewiesen, bei Einzelbeobachtungen von Ärzten soll die Behandlung wirksam gewesen sein. Es ist möglich, daß diese Behandlung auch negative Nebenwirkungen haben kann. Die Patientinnen werden dahingehend aufgeklärt, daß sie innerhalb einer solchen Studie optimal betreut werden und daß bei geringstem Verdacht negativer Auswirkungen diese Zusatzbehandlung beendet wird bzw. daß bei Nachweis einer Wirkung allen Patientinnen diese Behandlung zugutekommt.

Zusammenfassend ist bei der Aufklärung für adjuvante Therapiestudien beim Mammakarzinom folgendes zu beachten:

1. Der Patientin ist schonend mitzuteilen, daß sie Krebs hat und daß eine Zusatzbehandlung wahrscheinlich die Heilergebnisse verbessert.
2. Die teilweise sehr schlechte Prognose ist nicht in Prozenten auszumalen, vielmehr sind alle bekannten Möglichkeiten einer adjuvanten Zusatzbehandlung zur Operation darzustellen, durch welche die Ergebnisse verbessert werden können. Gleichzeitig sind die Nebenwirkungen dieser Behandlung ausgiebig und verständlich darzustellen, damit die Patientin die Chance erhält, eine eigene Auswahl zu treffen.
3. Der aufklärende Arzt muß selbst Erfahrungen sowohl für die Aufklärung wie für die Durchführung adjuvanter Behandlungen mitbringen.
4. Die Entscheidung für die Patientin ist leichter, wenn 2 Behandlungsalternativen angeboten werden, die gleichwertig sind.

5. Wird eine adjuvante Behandlung in Alternative zu *keiner* Zusatztherapie (Kontrolle) angeboten, so muß die Aufklärung enthalten, daß die adjuvante Behandlungsform (z. B. Chemotherapie) als „Reserve" für den Fall des Rezidivs zur Verfügung steht. Es ist ja bis heute ungeklärt, ob der Einsatz der Chemotherapie als adjuvant direkt nach Operation oder zum Zeitpunkt einer Metastasierung für die Patientin günstiger ist.
6. Der Patientin muß immer die Möglichkeit des Therapiewechsels bzw. des Therapieabbruchs offengelassen werden.
7. Die Aufklärung ist so ausgiebig und verständlich durchzuführen, daß die Patientin aufgrund *eigener* Willensbildung sich frei entscheiden kann, ob sie an einer Studie teilnehmen will oder nicht.

Literatur

Bonadonna G, Valagussa P, Rossi A et al. (1981) Multimodal therapy with CMF in resectable breast cancer with positive axillary nodes: The Milan Institute experience. In: Salmon SE, Jones (eds) (1981) Adjuvant therapy of cancer, III. p 435 Grune & Stratton, New York

Duncan W, Kerr GR (1976) The curability of breast cancer. Br Med J II: 781

Fisher B, Redmond C, Brown A et al. (1981) Treatment of primary breast cancer with chemotherapy and tamoxifen. N Engl J Med 305: 1–6

Nissen-Meyer R (1981) Results after 13 years. Congress on perioperativ chemotherapy. Zürich March 17–18, 1983. Congress-report in Vorbereitung

Aufklärung in der Onkologie bei Inkurabilität

P. Drings

Eine palliative Therapie hat das Ziel, für eine bestimmte Zeit die durch eine maligne Erkrankung hervorgerufenen Beschwerden zu lindern und nach Möglichkeit das Leben des Patienten in einem für ihn lebenswerten Zustand zu verlängern. Die Indikation zu dieser palliativen Chemotherapie wird von biologischen Faktoren, die sowohl vom Tumor als auch vom Organismus des Patienten bestimmt werden, beeinflußt. Im Fall der Inkurabilität ist die Indikation zur Therapie als relativ anzusehen. Wenn sie vom Arzt gestellt wird, muß die Aufklärung des Patienten so gründlich erfolgen, daß er das Wesen seiner Krankheit versteht und die Therapie akzeptieren kann. Es ist nicht erforderlich und wohl auch nicht wünschenswert, daß der Patient die wissenschaftliche Diagnose mitgeteilt bekommt. Für ihn ist entscheidend, daß er ein therapeutisches Angebot erhält, welches ihm Hoffnung vermittelt.

Beispiel: Metastasierendes Mammakarzinom der Frau

Das disseminiert metastasierende Mammakarzinom der Frau ist gegenwärtig unheilbar, läßt sich jedoch bei 50–70% der Patientinnen palliativ zeitlich begrenzt gut beeinflussen. Ich sage der Patientin, daß die Krankheit sich auf den Körper ausgedehnt habe und in dieser Situation eine systemische Behandlung (Chemotherapie oder Hormontherapie) einer lokalen Behandlung (Radiotherapie oder Operation) überlegen sei. Bewußt nenne ich hohe Erfolgsraten von 50–70% und verbinde damit die Hoffnung, daß die Patientin zu diesem Prozentsatz gehören möge. Ich halte es nicht für notwendig, unbedingt die Inkurabilität anzusprechen. Es reicht den meisten Patientinnen, wenn man ihnen sagt, daß die Krankheit langfristig günstig zu beeinflussen sei. Häufig wird man im Verlauf des Aufklärungsgespräches gefragt, ob grundsätzlich noch Aussicht auf Heilung bestünde. Meine Antwort lautet dann, dies sei im Einzelfall sehr schwer zu übersehen, viele Frauen würden über mehrere Jahre unter der zu wählenden Therapie gut mit dem Tumor leben können, auch würde sich die Wissenschaft laufend weiterentwickeln, grundsätzlich könne jedoch keine sichere prognostische Aussage gegeben werden.

Beispiel: Inoperables Pankreaskarzinom

Der Patient leidet unter den Symptomen des Tumors. Es existiert keine Therapie mit sicherer Wirkung, d.h. Remissionsraten über 20%. Eine Chemotherapie stellt somit lediglich einen individuellen Behandlungsversuch dar. Dem Patienten wird mitgeteilt, daß er an einer bösartigen Krankheit leide und ein Therapieverfahren existiere, welches bei mehreren Patienten die Symptome gelindert, bei einigen sogar diese langfristig deutlich gebessert habe. Sein guter Allgemeinzustand (und mögliche weitere positive Faktoren) würden eine Behandlung nach persönlicher Meinung rechtfertigen. Es muß nicht unbedingt die geringe Erfolgschance in Zahlen zum Ausdruck gebracht werden.

Eine randomisierte Studie, in der eine Chemotherapie mit nur symptomatischen Maßnahmen verglichen wird, ist beim Patienten mit Beschwerden in der praktischen Durchführung schwierig. Vom wissenschaftlichen Standpunkt wäre eine solche Studie bei Therapien mit niedrigen Remissionsraten und kurzen Remissionsdauern ohne signifikanten Effekt auf die Überlebensdauer des Patienten sogar wünschenswert, da nur auf diese Weise eine echte Nutzen-Lasten-Analyse möglich ist. Auf der anderen Seite ist es sehr schwierig, dem um seine Krankheit wissenden Patienten eine Chemotherapie vorzuenthalten, selbst wenn diese nur geringe Aussichten auf Erfolg bietet.

Anders ist die Situation beim beschwerdefreien, aber bereits inkurablen Patienten. Hier könnte eine palliative Therapie nur mit dem Ziel vorgenommen werden, dieses beschwerdefreie Intervall und die Überlebensdauer des Patienten zu verlängern. Im Aufklärungsgespräch vor Beginn einer entsprechenden Studie „Chemotherapie gegen Nullbehandlung" müßte dem Patienten mindestens gesagt werden, daß eine bösartige Erkrankung existiere, die gegenwärtig zwar noch keine Beschwerden bereite, aber früher oder später in ein therapiebedürftiges Stadium übertrete. Er müßte ferner erfahren, daß man gegenwärtig nicht wisse, ob eine Behandlung zum jetzigen Zeitpunkt von Vorteil sei. Je nach seiner Lebenseinstellung würde der Patient entweder sofort ein Therapieangebot wünschen und sich, falls er es in der Studie nicht erhielte, andernorts beschaffen oder aber den beschwerdefreien Zustand nicht durch eine fragwürdige Therapie belasten wollen. Eine Randomisation wäre unmöglich.

Es bietet sich als rein theoretischer Ausweg die Möglichkeit an, statt der Nulltherapie eine „Behandlung" zu wählen, von deren Wirkungslosigkeit der Arzt überzeugt ist (Beispiel: Vitaminbehandlung, Immunmodulation). Dies stellt im Grunde genommen jedoch eine Täuschung des Patienten dar und ist ethisch und juristisch nicht vertretbar.

Denkbar ist ein anderer Weg: Man bietet dem Patienten eine Chemotherapie an und stellt nur ihren zeitlichen Beginn als Variable dar. Bei Beginn der Beschwerden würde das Design der Studie einen Cross-over von der Nulltherapie auf die Chemotherapie ermöglichen. Dieses Vorgehen beinhaltet viele Probleme. Einige Patienten würden sicherlich primär das therapeutische Angebot dankbar annehmen, andere aber ebenso gern den Beginn der Therapie hinauszögern.

Nur die randomisierte Studie mit Chemotherapie gegen Placebotherapie erlaubt eine Aussage, ob der natürliche Ablauf der Krankheit positiv oder negativ durch das gewählte Therapieverfahren beeinflußt werden kann. Jedoch erscheinen mir aus den genannten Gründen randomisierte Studien mit einer Nulltherapie als Vergleichsgruppe als nicht durchführbar. Es ist durchaus möglich, auf die Randomisation zu verzichten. In vielen Fällen beeinflussen bestimmte Faktoren vom Tumor oder vom Organismus des Patienten den Krankheitsverlauf stärker als die gewählte Therapie. Am Beispiel des nichtkleinzelligen Bronchialkarzinoms sind dies der histologische Typ, das Tumorstadium, der Allgemeinzustand und das Gewichtsverhalten des Patienten. Wenn man eine nichtrandomisierte Studie unter Stratifikation nach den genannten Faktoren durchführt, erhält man homogene Patientengruppen und kann das Therapieergebnis in Korrelation zu verschiedenen Faktoren auch ohne Randomisation interpretieren.

Es erscheint mir besonders wichtig, daß dem Patienten während des Aufklärungsgesprächs vor Beginn der Studie erklärt wird, daß seine Entscheidung ohne Einfluß auf das künftige Verhältnis zwischen ihm und dem Arzt sei. Selbst wenn er die gewählte Therapie und das Verfahren der Randomisation prinzipiell ablehnen würde, stünde man ihm als Therapeut mit einem Standardverfahren weiterhin zur Verfügung.

Empfehlungen zur Randomisation und Aufklärung bei Therapiestudien in der Onkologie – medizinische und juristische Gesichtspunkte

R. Herrmann, B.-R. Kern, K. zum Winkel, N. Victor und A. Laufs

Randomisation

In der Onkologie werden Therapiestudien in randomisierter und nichtrandomisierter Form durchgeführt. Eine wissenschaftliche Präferenz der randomisierten gegenüber der nichtrandomisierten Studie besteht nicht grundsätzlich. Der Entscheidung muß für jede Studie eine Prüfung vorausgehen.

Eine randomisierte (Phase-III-)Studie kommt dann in Betracht, wenn sich eine neue Therapie anbietet, von der eine mögliche Verbesserung der Standardtherapie zu erwarten ist. Eine Randomisation ist dann nicht vertretbar, wenn der zu erwartende Vorteil so groß erscheint, daß die nach der Standardtherapie behandelten Patienten voraussichtlich einen Nachteil erlitten. Die Aussicht der Fortschritte durch eine neue Behandlung basiert auf Ergebnissen von Pilot-(Phase-II-)Studien, die eine Ergebnisverbesserung der Standardtherapien andeuten. Dennoch entbinden auch deutliche Verbesserungen gegenüber den geläufigen Verfahren nicht in jedem Fall von der Notwendigkeit der Durchführung einer Phase-III-Studie, da u. U. an Phase-II-Studien eher Patienten mit relativ günstigen prognostischen Faktoren teilnehmen. Für die Aussagekraft einer Phase-II-Studie ist insbesondere die Dokumentation aller bekannten prognostischen Faktoren und damit eine genaue Charakterisierung der untersuchten Patienten wichtig. Generell läßt sich allerdings nicht festlegen, um wieviel besser das Ergebnis einer Phase-II-Studie im Vergleich zur Standardtherapie sein muß, damit auf eine Phase-III-Studie verzichtet werden kann. Eine randomisierte Phase-III-Studie ist medizinisch und rechtlich nur dann zulässig, wenn für den gut informierten und kritischen behandelnden Arzt sich bisher keine der Methoden als die überlegene herausgestellt hat.

Nichtrandomisierte Studien können dann durchgeführt werden und wissenschaftlich wertvoll sein, wenn sie gut geplant und dokumentiert ablaufen unter Berücksichtigung der bekannten Störgrößen, wobei der Einfluß unbekannter Störgrößen nicht ausgeschlossen werden kann. Als Beispiel seien genannt: die Therapiestudie HD-DAL 82 für den Morbus Hodgkin bei Kindern und die „einarmige" Behandlungsstudie für die akute lymphatische Leukämie und die akute undifferenzierte Leukämie bei Erwachsenen.

Für die Durchführung klinischer Studien ist die Vorlage eines Studienprotokolls erforderlich, welches von einem unabhängigen Gremium, in der Regel der zuständigen Ethikkommission, begutachtet werden soll.

Aufklärung

Die Selbstbestimmungsaufklärung soll dem Patienten das notwendige Wissen vermitteln, um ihm Entscheidungen über das medizinische Vorgehen zu ermöglichen („informed consent"). Sie umfaßt die Aufklärung über die Krankheit, den Ablauf der vorgeschlagenen Maßnahmen und deren Risiken sowie die Folgen einer Verweigerung notwendiger Maßnahmen. Die Selbstbestimmungsaufklärung entfällt, wenn keine Behandlung in Frage kommt. Der Arzt darf dem Kranken solche Aufschlüsse vorenthalten, deren Kenntnis eine schwere Gesundheitsgefahr für ihn bedeutet. Jeder Patient kann der vorgeschlagenen Therapie zustimmen oder sie ablehnen.

Der Patient muß darüber aufgeklärt werden, daß er an einer behandlungsbedürftigen Krankheit leidet. Der Arzt kann die Diagnose Krebs, falls ihm dies erforderlich erscheint, umschreiben. Die Information über den Ablauf von Diagnostik und Therapie braucht nicht alle Einzelheiten zu umfassen. Der Kranke muß im großen und ganzen, in groben Zügen, erfahren, was mit ihm geschehen soll. Unabwendbare Folgen der medizinischen Maßnahmen sind dem Patienten mitzuteilen (z. B. Organverlust, Operationsnarbe, vorübergehender Haarausfall bei Chemotherapie).

Die Pflicht zur Aufklärung reicht besonders weit, wenn therapeutische Alternativen bestehen. Der Patient muß über die Umstände informiert sein, die seine Entscheidung für die eine oder andere Behandlung beeinflussen könnten. Ihm muß die Möglichkeit eingeräumt werden, nach entsprechender Aufklärung die aus seiner Perspektive günstigste Behandlungsmöglichkeit zu wählen.

Dies gilt uneingeschränkt auch für die Durchführung randomisierter Studien. Zusätzlich muß dabei der Patient über die Tatsache der zufälligen Zuordnung zu einer Behandlungsart informiert werden. Bei der Mitteilung der Prognose brauchen keine Prozentzahlen genannt zu werden.

Die Aufklärung über die Art der zur Wahl stehenden Behandlung und über die Tatsache der zufälligen Zuordnung erfolgt grundsätzlich vor der Randomisation. Steht der Patient im Behandlungsverlauf vor mehreren Entscheidungen, so soll er vor jeder Entscheidung die notwendige Aufklärung erfahren. Zwischenergebnisse einer Studie, welche die Abbruchkriterien des Studienprotokolls nicht erfüllen, brauchen dem Patienten nicht mitgeteilt zu werden.

Wenn medizinische Gründe dafür sprechen, soll der behandelnde Arzt dem Patienten eine andere Behandlung empfehlen und somit die vorgeschriebene Randomisation aufheben. Auch der Patient kann eine einmal gegebene Zustimmung jederzeit, auch grundlos, widerrufen.

Für die Aufklärung ist keine bestimmte Form vorgeschrieben, sie soll im Gespräch erfolgen. Zu Beweiszwecken empfiehlt sich dringend die Dokumentation der wichtigsten Punkte des Aufklärungsgesprächs im Krankenblatt; vorformulierte Texte können hilfreich sein, sind allein aber nicht ausreichend.

Die Aufklärungserfordernisse erschweren die Durchführung randomisierter Studien in der Onkologie. So können etwa psychosoziale Faktoren die Entscheidung des Patienten über die einzuschlagende Behandlung so wesentlich beeinflussen, daß die Zufälligkeit der Stichprobenauswahl nicht mehr gewährleistet ist. Die Selbstbestimmungsaufklärung ist jedoch wegen ihrer Fundierung in der menschlichen Würde rechtlich wie berufsethisch unverzichtbar.

Begriffsbestimmungen

Eine Untersuchung zur Bewertung diagnostischer oder therapeutischer Maßnahmen mit dem Ziel, klinisch relevante Ergebnisse zu erbringen, die dem Patienten nützen, wird als *klinische Studie* bezeichnet. Wird die Fragestellung auf die Bewertung therapeutischer

Maßnahmen eingeschränkt, d.h. wird untersucht, ob ein Behandlungsverfahren bei einer bestimmten Indikation wirksam oder wirksamer als ein anderes ist, bezeichnet man die Untersuchung als *Therapiestudie.*

Entsprechend der üblichen Phaseneinteilung einer Arzneimittelprüfung werden Therapiestudien je nach Ziel und Wissensstand über die zu untersuchende(n) Behandlung(en) als Phase-I-, Phase-II-, Phase-III- bzw. Phase-IV-Studien bezeichnet. *Phase-I-Studien* untersuchen an wenigen ausgewählten Probanden ein breites Spektrum von Fragestellungen wie Pharmakodynamik, Metabolismus, Dosis, Toxizität, Nebenwirkungen, Verträglichkeit etc. (ohne Vergleichsgruppe). In anschließenden *Phase-II-Studien* wird an einer größeren Anzahl (ca. 50) ausgewählter Patienten die Wirksamkeit der verträglichen Dosis im anvisierten Indikationsgebiet geprüft; häufig werden solche Studien auch als *Pilotstudien* bezeichnet. In darauf folgenden *Phase-III-Studien* wird der Therapievergleich (evtl. gegen Placebo) an einer hinreichend großen Anzahl von Patienten durchgeführt, die aus einer genau definierten Grundgesamtheit stammen; die benötigte Patientenzahl ist ein Resultat der Versuchsplanung. *Phase-IV-Studien* schließlich dienen dem Sammeln von Langzeiterfahrungen mit einem zugelassenen, auf dem Markt befindlichen Arzneimittel und damit seiner Überwachung.

Entspricht die Studienform dem Plan eines naturwissenschaftlichen Experiments, d.h. ist die einzige gezielt veränderte Einflußgröße die Behandlung, während alle übrigen Bedingungen weitestmöglich gleich gehalten werden, so sprechen wir von einer *kontrollierten (vergleichenden) Therapiestudie* oder einer kontrollierten klinischen Studie. Nach dieser Definition ist eine kontrollierte Therapiestudie stets prospektiv angelegt, und die Therapiezuweisung muß zur Ausbalancierung unbekannter Einflußgrößen in der Regel nach dem Zufall erfolgen (Randomisation). Nur bei sicheren Kenntnissen über die in Frage kommenden Störgrößen ist eine kontrollierte Studie ohne Randomisation denkbar. Da diese Situation sehr selten gegeben ist, werden die Begriffe kontrollierte Therapiestudie und randomisierte Therapiestudie (Therapiestudie mit zufälliger Zuteilung der Therapien) meist synonym gebraucht, obwohl nicht jede randomisierte Studie alle Anforderungen erfüllt, die an eine kontrollierte (vergleichende) Studie zu stellen sind. Für alle anderen Studienformen (Studien ohne Vergleichsgruppen, historische Kontrolle, retrospektive Studien etc.)

sollte die Bezeichnung kontrollierte klinische Studie bzw. kontrollierte Therapiestudie nicht benutzt werden.

Die Schichtung (Stratifikation, Blockbildung) dient dazu, die relativ inhomogene Grundgesamtheit von Patienten in homogenere Untergruppen (Strata) zu unterteilen. Zweck der Stratifikation ist es, einmal den zufälligen Fehler einer kontrollierten Studie und zum anderen den systematischen Fehler einer unkontrollierten Studie zu verkleinern. Das Wesen der Blockbildung besteht darin, daß man versucht, Merkmale, deren Einfluß auf den Therapieerfolg bekannt sind (z. B. Alter und Geschlecht), zu eliminieren. Randomisiert werden dann jeweils nur Patienten eines Blocks (einer Schicht). Während unbekannte Störeinflüsse durch Zufallszuteilung kontrolliert werden können, sind bekannte Einflüsse durch die Stratifikation auszuschalten.

Literatur

Herrmann R, Kern B-R, Winkel K zum, Victor N, Laufs A (1984) Empfehlungen zu Randomisation und Aufklärung bei Therapiestudien in der Onkologie – Medizinische und juristische Gesichtspunkte, Medizinrecht (im Druck)

Herrmann R, Kern B-R, Winkel K zum, Victor N, Laufs A (1984) Empfehlungen zur Randomisation und Aufklärung bei Therapiestudien in der Onkologie – Medizinische und juristische Gesichtspunkte. Dtsch Aerztebl (im Druck)

Die Teilnehmer des Heidelberger Workshop's haben am 10.12. 1983 den Empfehlungen zugestimmt

Prof. Dr. med. G. Bastert / Frankfurt – Gynäkologie
Prof. Dr. med. Dr. h. c. H. Bickel / Heidelberg – Pädiatrie
Prof. Dr. med. H.-G. Boenninghaus / Heidelberg – Oto-Rhino-Laryngologie
Priv. Doz. Dr. med. W. E. Brandeis / Heidelberg – Pädiatrie
Prof. Dr. iur. E. Deutsch / Göttingen – Zivilrecht
Prof. Dr. med. Dr. h. c. mult. W. Doerr / Heidelberg – Pathologie
Prof. Dr. med. P. Drings / Heidelberg – Innere Medizin
Dr. iur. W. Eberbach / Augsburg – Zivil- und Strafrecht
Prof. Dr. iur. A. Eser / Freiburg – Strafrecht
Prof. Dr. med. D. von Fournier / Heidelberg – Gynäkologie
Dr. med. D. Füllenbach / Freiburg – Farmitalia
Dr. iur. W. Henkel / Heidelberg – Deutsches Krebsforschungszentrum

Prof. Dr. med. Ch. Herfarth / Heidelberg - Chirurgie
Dr. med. R. Herrmann / Heidelberg - Internist
Prof. Dr. med. H. D. Hiersche / Kaiserslautern - Gynäkologie
Dr. med. U. Kadach / Planckstadt - ICI-Pharma
Dr. iur. B.-R. Kern / Heidelberg - Zivilrecht
Prof. Dr. med. B. Kommerell / Heidelberg - Innere Medizin
Prof. Dr. med. Dr. med. dent. K. Kristen / Heidelberg - Kieferchirurgie
Dr. med. Ch. Krüger / Heidelberg - Radiologie
Prof. Dr. iur. Dr. h. c. A. Laufs / Heidelberg - Zivilrecht
Prof. Dr. med. Dr. h. c. mult. F. Linder / Heidelberg - Chirurgie
Prof. Dr. med. G. Nagel / Göttingen - Innere Medizin
Prof. Dr. med. H. Otto / Heidelberg - Pathologie
Priv. Doz. Dr. med. H. D. Peters / Bad Homburg - Eli Lilly
Prof. Dr. med. A. Pfleiderer / Freiburg - Gynäkologie
Prof. Dr. med. L. Röhl / Heidelberg - Urologie
Prof. Dr. med. G. Schellong / Münster - Pädiatrie
Dr. med. H. Scheurlen / Heidelberg - Biostatistik
Prof. Dr. med. P. Schlag / Heidelberg - Chirurgie
Prof. Dr. med. D. Schmähl / Heidelberg - DKFZ, Toxikologie
Prof. Dr. med. G. Schmidt / Heidelberg - Rechtsmedizin
Prof. Dr. iur. H. L. Schreiber / Göttingen - Strafrecht
Prof. Dr. rer. nat. N. Victor / Heidelberg - Biostatistik
Prof. Dr. med. E. Weber / Heidelberg - Klinische Pharmakologie
Prof. Dr. med. H. Weidauer / Heidelberg - Oto-Rhino-Laryngologie
Prof. Dr. med. K. zum Winkel / Heidelberg - Radiologie

GPSR Compliance

The European Union's (EU) General Product Safety Regulation (GPSR) is a set of rules that requires consumer products to be safe and our obligations to ensure this.

If you have any concerns about our products, you can contact us on ProductSafety@springernature.com

In case Publisher is established outside the EU, the EU authorized representative is:

Springer Nature Customer Service Center GmbH
Europaplatz 3
69115 Heidelberg, Germany

Batch number: 10844827

Printed by Printforce, the Netherlands